무한 성공 원리

오혜교 지음

생각의집

무한 성공 원리

2021년 7월 20일 초판 1쇄 발행
지은이 오혜교
책임편집 오혜교
디자인 조미래
펴낸곳 생각의집 / **출판신고** 2018년 11월 27일 제 2018-000084호
주소 경기도 파주시 회동길 219 2층
전화 1877-5574 / **이메일** soaprecord@gmail.com

ⓒ오혜교(저작권자와 맺은 특약에 따라 검인을 생략합니다)
ISBN 979-11-973480-4-4

이 책은 저작권법에 따라 보호받는 저작물이므로 무단전재와 무단복제를 금지하며, 이 책 내용의 전부 또는 일부를 이용하려면 반드시 저작권자와 생각의 집의 서면동의를 받아야 합니다.

생각의 집은 자기계발 서적을 전문 시리즈로 다루는 주식회사 마중가레볼루션의 출판 브랜드입니다.

무한 성공 원리

오혜교 지음

목차

- **사업은 인간을 성장시켜주는 훌륭한 도구다**   06

- **1장. 혁신의 원리**

  제1원리.
  주변의 연락을 잠시 끊고 혼자서 생각하라.   24

  제2원리.
  어떤 것에 영향을 받지 말고 독립적으로 생각하라.   44

  제3원리.
  더 큰 생각에 접속한 뒤, 다른 생각을 다스려라.   58

  제4원리.
  진정한 부의 숨은 원리를 간파하라.   68

  2장. 다스림의 원리

- **제5원리.**
  플랫폼의 비밀을 파헤쳐라.   92

제6원리.
시간과 자유를 만드는 업의 비밀을 깨우쳐라. 118

제7원리.
소망과 욕망을 완전히 구분하라. 144

제8원리.
위대한 생각으로 욕망의 세계를 다스려라. 158

- **3장. 사업의 원리**

    제9원리.
    좋아하는 일과 잘하는 일을 구분하라. 180

    제10원리.
    도구를 브랜딩해서 팔아라. 200

    제11원리.
    독보적인 존재가 되어라. 218

    에필로그 232

사업은 인간을 성장시켜주는 훌륭한 도구다

사람은 누구나 경험하고 배우고, 생각한 바대로 세상을 산다. 한 인간의 성장 잠재력은 무한할 테지만 지식과 경험은 미완성이며 불완전하기에, 누구나 한계를 갖는다.

이 한계점이 바로 세상을 보는 가치관의 기준이 된다. 같은 사안을 두고도 백 사람의 의견과 생각이 다른 건 이 때문일 것이다.

가만히 생각해보면 알 수 있는 사실이지만, 우리는 교육과 미디어, 타고난 습속의 영향으로 같은 생각을 가진 부류에 편입되고 싶어한다. 내 생각과 가치관이 아무리 독특한 만큼 독보적이어도, 그걸 아무도 지지해주지 않는다면 고독하게 이를 견지할 사람은 소수일 것이다.

나는 지금 1인 기업을 수년째 하면서 그동안의 잘못된 생각을 교정해나가고 있다. 다수를 따랐던 생각 말이다.

세금 문제나 관계의 법칙 같은 비즈니스 영역뿐 아니라 용기와 겸손, 도전과 열정, 헌신과 인내 같은 가치들을 사업을 통해 배우고 있다.

아마도 내가 다시 태어나지 않는 한, 그러니까 사업을 하지 않았다면 절대 깨닫지 못했을 이러한 경험들을 통해 나는 스승이 없는 독학이지만 철학의 길로 들어섰다. 단언컨대 사업을 하면서 학교 다닐 때 배웠던 수많은 윤리 도덕의 가치들을 몸으로 겪고 있다.

  시시때때로 매순간 매초 내 인격이 OX퀴즈처럼 점수로 드러나는 세계가 바로 비즈니스의 세계인 것 같다.

  직장에 다닐 때는 잘 몰랐다. 승진을 위해 일하는 순간에도, 나는 개인적 관점에서 업무를 처리했고, 조직 전체의 가치나 사명, 혹은 사회 도덕과 결부시킬 생각같은 건 하지 않았고, 할 필요가 없었다. 아마 대부분의 직장인들이 마찬가지일 것이다.

  물론 양심적이고 윤리적으로 업무에 임하고, 내 일의 결과가 사회에 미칠 영향력을 진지하게 생각한다고 말할 사람도 있을지 모르겠다. 그러나 부끄럽게도 나는 회사에 밀린 업무를 처리하느라 자발적으로 야근하는 날 저녁에도 모니터를 보며 월급날을 며칠 남았는지 세는 그런 직장인이었다.

  직장에서는 내가 점심을 먹고 조금 느리게 일을 해도 누구 하나 그걸 뭐라고 하지 않았다. 잠깐 잠을 깨기 위해 쇼핑을 한다고 해도 그게 내 인사고과에 직접 영향을 주진 않았다. 그런데 사업을 하고 나자, 내 행동 하나하나가 가져올 결과가 사업상의 금전적 수치로 드러났다. 너무나도 당연하게도 1인 기업은, 내가 놀면 매출이 떨어졌고, 매출이 없을 때도 놀면 통장은 곧 바닥난다는 사실을 일깨워주었다. 처음 1인 기업이 되었을 때 누구보다 열심히, 치열하게 일을 해야 했고 그 강도는 회사에서 일을 하는 것에 견줄 수 없을 정도로 셌다.

그러다가 어느 정도 사업을 시작한 시간이 흐르고 나자, 사업에 탄력이 생기는 게 느껴졌다. 내가 잘못된 습관과 태도를 바꾸고, 생각을 고치자 매출이 점차 상향 곡선을 그리기 시작했다. 내 사업을 둘러싸고 달라진 건 없었다. 단지 나는 성공을 향한 내 생각과 태도를 내 기준에 맞추어 바로잡았을 뿐이다.

나는 정말 억세게 운이 좋은 케이스였다. 그런데 그 운의 이면에는 믿을 수 없을 만큼 정교한 성공의 원리들이 적용되었다는 걸 나중에 알게 됐다. 이제야 내가 어떻게 얼떨결에 이 시점까지 오게 되었는지 차분하게 생각해볼 여유가 생겼고, 이를 무한 성공 원리라는 내 나름의 개념으로 정리하게 되었다.

이 책에는 이런 사업을 하라거나, 여기에 투자하라는 정보 같은 건 없다. 다만, 현직 사업가가 현장에서 경험하고 깨달은 지혜의 단편이 기록되어 있을 뿐이다. 이런 지혜가 있었기에 무일푼으로 연 매출 30억 규모의 1인 기업을 세우고, 성장시킬 수 있었다.

지금 돈을 벌기 위해 성공을 위해 절실한 한 마디 조언이 필요하거나, 지금보다 나은 삶을 꿈꾸는 사람들을 위한 생각이 담겨 있다. 특히, 혼자서 주변의 도움 없이 도약하고자 하는 이들에게 초점을 맞추고 글을 썼다.

  아무쪼록 이 책이 독자의 여러분의 인생의 방향타가 되어줄 실마리를 찾는 데 도움이 된다면 더 없이 기쁘겠다.

2021년 6월 10일
파주 집필실에서

사랑하는 아내 지숙이와 딸 예쁨이에게.

모든 것이 시작된 순간

　사람은 누구나 혼자로 남길 두려워한다. 우리는 다 어릴 때부터 그랬다. 부모의 손길을 벗어날 무렵이면 유치원과 학교에 가고, 방과 후에는 친구들과 어울려 놀거나 함께 공부하는 식이었다. 누군가 자발적으로 혼자가 되면, 따돌려진 아이라는 딱지를 벗기 어려웠다. 성인의 반열에 올랐다고 할 만한 나이인 대학생 때도, 혼자서 공부를 하고 여행을 가고, 아르바이트를 하는 경우는 생각보다 드물다. 뭐든 친구와 함께 하고, MT를 같이 가고, 과 모임에 소속되어야 안심이 된다. 졸업을 해서 학생 공동체라는 울타리를 넘어 사회인이 돼도 마찬가지다. 공무원이 되거나 대기업에 들어가거나, 안정적인 직업을 찾아 공채라는 문을 두드리기 위해 1년을 기다린다. 젊음으로 충만한 자신에게 찾아온 여러 번의 기회를 흘려보낸 채, 모두가 함께 인정받고, 인정하는 조직에 소속되지 않으면 의미가 없다는 식이다.

  한국인은 공동체 정신을 기반으로 성장한 민족이고, 그래서 타인과 조화를 이루고 공동이 합의한 규칙을 지키면서 모두에게 존중받고 인정받는 사람이 되는 걸 목표로 산다. 그것을 달리 표현한 직업이 바로 의사나 변호사, 공무원이나 대기업 임원이다. 누군가 적어도 이런 직업군 중 하나에 속한다면, 자신을 부연설명 할 필요 없이 다른 사람에게 존중받을 수 있다. 저는 직업은 변호사입니다, 라는 말이면 끝이다. 25살에 대학을 중퇴하고 신문사에 입사해서 글을 쓰다가 지금은 작은 출판사를 합니다, 보다는 훨씬 많은 걸 함축적으로 암시한다.

  우리는 무리에서 이탈하는 것에 무의식적으로 두려움을 느낀다. 혼자는 보호받지 못하고 모든 걸 책임져야 하며 벤치마크 할 대상이 없기에 당혹스럽다. 그리고 무엇보다 혼자는 리스크가 크다. 망하면 폭삭 주저앉는다. 반면 어딘가에 소속되어 있으면, 내가 아프거나 실패하거나, 잘못된 길로 가더라도 완전히 망하지는 않는다. 그래서 편안하고 왠지 안정감을 더욱 느낀다.

<u>그런데 이것이 바로 우리가 비교 우위의 무한경쟁의 길로 접어들게 된 함정이다.</u>

무리에 속하거나, 누군가와 함께 해야 한다면 우리는 가치 판단의 기준을 비교 대상에서 찾아야 한다. 물론 그렇게 하면, 이미 누군가 했거나 경험한 것을 본 대로 따라 하면 되기에 안정적인 것처럼 보인다. 친구들이 공무원 시험을 준비한다고 해서 그대로 따라 하면, 과정이 고되긴 하나 목표가 있어서 편하다. 퇴직을 한 다음 편의점이나 무인 아이스크림 가게를 차린다는 사람을 따라서 창업하면, 대박은 안 나도 평타는 칠 것 같다. 뉴스를 보니 비트코인 가격이 오른다기에 나도 최소한 주식 정도는 해야 할 것 같다. 영혼을 끌어모아 집을 사는 친구들을 보면서 조바심이 나서 은행 대출을 알아본다.

대세를 따라가는 건 안전한 선택이다. 다들 그렇게 하니까 나도 해야 할 것 같고, 해보면 어떨지 궁금하고, 안 하면 사람들과 모일 때 할 말이 없다. 점심시간에 다들 비트코인 투자 얘기로 한창인데, 꿀먹은 벙어리로 밥만 먹고 있으면 소외되는 기분이 든다. 최소한 농담 한 마디라도 거들려면 비트코인 투자를 한 번쯤은 해봐야 할 것 같다.

어쩌면 독자가 이 책을 읽는 이유도 성공하려면 자기계발서를 열심히 읽어야 한다길래 선택한 것일지 모른다.

그런데 이쯤에서 우리는 한 가지 기억해야 할 점이 있다. 무리에 소속되어 있을 때 얻은 정보나 대화를 토대로 생각한 결과가 우리들 각자의 선택에 영향을 미친다는 것이다. 그리고 우리가 합리화를 통해 생각한 결과로 선택한 행동은 서로 엇비슷해지는 경향이 있다. 군중 심리가 본래 그렇다. 다른 사람을 신경 쓰면 쓸수록 다른 사람과 비슷한 선택을 할 가능성이 높다.

당연하지 않은가? 내가 집단에 소속되길 갈망하는데 집단의 여론이 맞든, 틀리든 간에 집단의 여론과 반대로 행동할 리가 없지 않은가. 서울에 살면 으레 아파트에 살아야 하고, 직장은 안정적인 공무원이 최고라는 것, 자녀를 잘 키우려면 유치원 때부터 조기 영어를 시켜야 한다는 것. 이런 걸 미리 정해주는 삶의 매뉴얼은 없다. 이렇게 하면 성공한다는 절대적 기준은 무리에 속한 우리가 정한 내부적 합의다.

무리에 속한 어떤 사람이 그것과 다른 선택을 할 수 없는 이유는, 이렇게 정한 합의로 인해 좋은 결과와 나쁜 결과가 모두 눈앞에서 벌어진 걸 봤기 때문이다. 어쨌든 자녀가 명문 대학을 나오면 좋은 직업에 취업할 가능성이 높고, 공무원이 되면 정년까지 보장되는 것은 사실이니까. 그것이 설령 최고의 행복을 가져다주지 않아도, 모두가 인정한 최선의 삶이라면 그것을 따라가는 것이 가장 쉬운 것처럼 보인다. 명문대 입학하기까지 청소년기를 온통 학원에 바치고, 공무원이 되면 평생 다람쥐 쳇바퀴 돌 듯 같은 일을 해야 하는 것에 대해서는 "원래 인생이 다 그런 거 아냐?"라고 현실주의로 방어하는 게 보통 사람의 심리다.

현실주의라는 방어막

태어날 때는 광활한 지구에 툭, 하고 떨궈진 것 같지만 우리는 무리에 소속되기 전에는 이런 합의의 기준 같은 걸 모르고 살았다. 누구나 어릴 땐 꿈 많은 청소년기가 있었고, 재능이 있는 분야가 하나씩 있었다. 이대로 꿈을 키운다면 나는 세상에서 하나뿐인 소중한 재능으로 세상에 기여할 거라고 믿어 의심치 않았다.

그 꿈이 희미해진 것은 철이 들었기 때문이 아니라 무리에 점점 더 깊숙이 소속되어, 무리의 논리에 설득되었기 때문이다. 무리가 합의한 선택의 결과로 아무것도 없는 광활한 대지에 몇 개의 커다란 길이 생겼다. 취업 분야에서는 공무원의 길, 전문직의 길, 자수성가의 길, 개천에서 용난 길 등이 있고, 부동산 분야에서는 오피스텔, 빌라, 월세방, 고시원, 서울에 있는 아파트, 수도권에 있는 아파트, 전세 아파트, 월세 아파트의 세계가 있다.

젊을 때는 누구나 좁은 집에 살아도 내 방을 정성껏 꾸미면서 거기가 드림 하우스인 것 같다. 그때까지는 부동산 재테크에 대한 관심이 부족해도 공간에 집중하면 행복이 올 거라고 생각한다. 결혼 전까지는 그렇다. 결혼을 함과 동시에 '남의 가족'을 내 가족으로 받아들이면서 또 따른 무리의 질서를 배우게 된다.

가족은 오로지 나만 있었던 상태에서, 다른 사람을 신경쓸 필요 없이 오직 내 행복에만 집중하면 되었던 미혼 시절과 다른 라이프스타일이 펼쳐진다. 내 가족이 된 남의 가족은, 기존 사회질서에 편입된 기성세대로, 무리의 논리를 나에게 설득하기 시작한다. 행복은 철저히 주관적이며, 집은 돈 주고 사는 게 아니라 삶을 사는 공간이라고 믿었던 사람에게 아파트 평수는 행복의 중요한 기준이 된다.

이걸 한 사람의 흔하고 뻔한 사회 적응기라고 가볍게 여기면 안 된다. **나는 이것이 매우 무서운 사실이라고 생각한다.** 왜냐하면 한 인간의 가치관이 무리에 의해 서서히 해체되고 개조되는 과정을 보여주고 있기 때문이다. 결혼이 성인 이후의 한 인간으로서의 행불행을 좌우하는 분기점이 되는 이유가 여기에 있다.

한국 사회의 무리 문화

이 책을 읽는 독자께서 20대이든, 50대이든, 결혼을 했든 그렇지 않든 중요하지 않다. 중요한 것은 누구든 한국에서 살며 무리 속에서 길러져온 사람이라면 예외 없이 이러한 설득 과정으로 삶의 가치관이 변한다는 사실이다.

드라마에서는 이것이 꿈 많던 20대가 현실에 적응해나가는, 현실을 받아들이는 어른이 되어 가는 과정으로 미화하지만, 우리의 어린 시절을 생각하면 어른이 되어 사회생활이라는 테이블 위에 오른 현실의 선택지는 너무나 한정적이다. 넓은 길 중 하나를 고르면 되니 편해 보이지만, 내가 하고 싶었던 것을 이렇게 빨리 손절해도 되는지, 그 정도로 내 꿈이 가치가 떨어지는 것인지 스스로 진지하게 물어본 적이 없다.

정신을 차리고 보면, 평일에는 정신없이 일을 하고 주말에 마트에 갔다가, 월급을 조금씩 모아서 더 넓은 집으로 이사하는 것이 전부인 사람이 되고 만다.

나는 이런 삶이 나쁘거나 실패했다고 말하려는 게 아니다. 모두가 이런 큰길로 접어들었다면, 그 안에서 자기만의 행복을 찾으면 된다. 여기서 중요한 것은 자신이 접어든 길이, 사회구성원들의 집합체인 무리가 합의한 기준에 맞추도록 서서히 설득당한 결과로 선택한 것임을 아는 것이다.

앞서도 적었듯, 무리에 소속되길 강하게 원하는 사람일수록 무리가 정한 기준대로 행동한다. 그렇다 보니 다수가 합의한 길은 넓고 그 길을 가는 사람들도 많다.

왕복 10차선 고속도로를 떠올려보자. 길이 넓고, 목표로 가는 경로가 표지판에 적혀 있기 때문에 고속도로에는 항상 차들이 많다. 특히 휴일이나 명절 때는 고속도로는 차들로 꽉 막힌다. 대한민국 평범한 30~40대라면, 어른으로 성장해오면서 학창시절, 대학시절, 사회경험, 결혼이라는 과정을 통해 여러 무리에 소속되어왔다면, 나는 고속도로 한복판에 나온 수많은 차들 중 하나와 같은 처지인 것이다.

물론 이런 삶이라도 행복할 권리는 있다. 하지만 현실이 씁쓸하고 불만족스럽긴 하지만 행복해보자고 제안하는 건 내가 하고 싶은 말이 아니다.

나는 우리가 어쩌다 모두가 엇비슷해 보이는 큰 길로 들어서게 되었는지, 그 원인이 혹시 **무리에 속한 채 설득되어온 일련의 과정**은 아니었는지 되묻고자 한다.

<u>그 결과, 부의 추월차선은 이미 막혔다.</u>

 독자께서는 '부의 추월차선'이라는 말을 들어봤을 것이다. 엠제이 드마코라는 저자가 짧은 시간 안에 부를 쌓는 노하우에 관해서 쓴 책이, 이제는 영혼을 끌어모아서 부자가 된 사람들을 묘사할 때 쓰는 말이 되었다. 아마도 지금 이 글을 읽을 정도로 자기계발에 관심이 많은 사람이라면 이러한 부의 추월차선을 꿈꾸고 있을지도 모르겠다.

 그래서 더더욱 단호하게 말하려고 한다. 현재까지 살아온 무리에 속한 채, 그 무리를 내 삶을 구성하는 한 요소로 인정하고, 유지하고, 거기서 삶의 에너지를 공급받고 있는 사람에게 부의 추월차선은 **이미 정체 상태**라고. 왕복 10차선 고속도로의 추월차선인 1차로도 이미 그 책을 읽는 독자들로 꽉 막힌 상태라고 말이다.

 당연하지 않은가. 엠제이 드마코가 책을 쓴 2013년으로부터 지금은 무려 8년이란 시간이 흘렀다. 고속도로가 처음 뚫리면 차들이 없다. 사람들은 평소 가던 길로만 가던 습관을 깨고 새로운 고속도로를 이용하기까지 시간이 걸린다. 그러나 새로 생긴 지 8년이라면 그 고속도로는 더 이상 새로운 길이 아니다. 고속도로를 이용하는 대부분의 운전자들이 그 길을 알아서 주말이나 명절이면 고속도로는 차들로 꽉 막힐 것이다. 그 길은 더 이상 부의 추월차선이 아니다.

 부의 추월차선은 큰 길로 안전하고, 편하게 가려는 사람에게는 이미 막힌 길이다. 무리에 속한 사람들이 모두 추월차선으로 달리려고 하기 때문이다. 무리에 속한 사람들은 최신 정보를 업데이트 한다. 이번에 새로 생긴 부의추월차선이 꽤 빠르다던데? 이 말은 이렇게 바꿀 수 있다. 이봐, 이번에 삼성전자 주식이 많이 올랐다던데? 경기도에 아파트 값이 앞으로도 오를 거라는데?

무리에 속한 사람들이 한 사람처럼 이렇게 말한다면 새로운 추월차선은 이미 정체 상태이거나, 곧 정체 상태가 될 거라는 뜻이다.

무리에 쉽게 동화된 사람이, 이 말을 듣고 부의 추월차선을 타려고 고속도로를 탄다고 가정해보자. 이 사람은 과연 빠르게 추월차선을 탈 수 있을까? <부의 추월차선>이 베스트셀러가 된 건 저자에겐 축복이겠으나, 독자에게는 정보가 될 수 없다. 수백만 부가 팔린 그 책을 읽은 수백만 명이 책속에 나와 있는 방법대로 경로를 바꾼다면 말이다.

이것은 행복과 불행을 논하는 얘기가 아니다. 성공과 실패의 관점에서, 무리에 소속되어 있는 개인은 결코 빠른 시간 내에 부자가 될 수 없다는 뜻이다. 그렇다면 어떻게 해야 할까? 자기계발서를 읽고도 부자가 될 수 없다면, 로또나 열심히 긁어야 할까? 아니면 자포자기 한 채로 저녁에 술이나 한 잔 해야 할까.

만약 지금 못다 이룬 꿈을 가진 사람이 자신이 자기 인생을 원래의 시계열로 돌려놓길 간절히 원한다면 나는 한 가지 방법을 제안하고자 한다. 직접 써먹어본 결과로 효과는 검증되었으니 한 번 믿어봐도 좋다.

그것은 바로 무리에서 과감하게 탈출하는 것이다.

만약 생각 하나로 삶이 바뀔수 있다면,
지금 당장 생각을 바꿀 수 있는가.

혁신의 원리

제1원리.
주변의 연락을 잠시 끊고 혼자서 생각하라.

집단에 무의식적으로 연결된 가치관의 고리를 끊고, 자신과의 대화를 시작한다. 이는 무리의 사고 방식을 벗어버리기 위함이다.

• • •

무리에서 탈출하라고 쓰고 보니, 이상한 소리나 늘어놓는 것처럼 들릴지 모르겠다. 하루하루 살아가는 것도 고된데, 자발적으로 고독을 씹으라는 건 한가한 소리처럼 들린다.

나는 독자에게 지금 모험을 제안하고 있다. 누구보다 열심히 살았다고 생각하는 독자께 이렇게 묻고 싶다. 최선을 다해서 허리띠를 꽉 졸라매고 살아봤더니 만족스러운가. 원하는 대로 부자가 되거나 성공한 삶을 누렸는가. 그렇다, 라고 답한다면 진심으로 축하드린다, 독자께서는 바늘귀를 통과한 낙타처럼 꽉 막힌 차선을 피해 목적지에 도착한 것이다. 무리에 속한 채 성공했을 독자께서는 넓고 빡빡한 차선에서 교통체증을 피해서 스스로 만족스러운 삶에 도착했다. 어떻게 그런 묘기를 부렸는지 나는 알지 못한다.

다만 그렇게 성공하는 사람은 극소수라는 사실만 강조하고 싶다. 대한민국의 모든 사람이 바라는 월수입이 1천만 원 이상 되려면, 수입 기준으로 상위 10%에 속해야 한다. 차들로 꽉 막힌 추월차선에서 누구보다 빨리 목적지에 가닿는 걸 목표를 달성한 것으로 본다면, 그 사람은 억세게 운이 좋은 사람이 분명하다.

그러나 아마 대다수는, 그걸 부러워하는 축에 속할 것이다. 무리에 속한 채로 선두에서 달려나가는 사람을 멀리서 바라보며, '여긴 이렇게 꽉 막혔는데 저 사람만 속도를 내네.' '나는 평생 일해서 한 푼도 안 쓰고 모아도 서울에 집 한 채 사기 어려운데 저 사람은 차를 두 대씩 몰면서 50평대 집에 사네.' 하면서 불공평한 인생을 한탄한다.

그러고 다른 사람을 쳐다본다. 그래도 나보다 못 살거나, 나보다 약간 더 잘 사는 사람도 많으니 이 정도도 나쁘지 않다. 잘나지도 못나지도 못한 사람들이 세상엔 더 많다. 그런 게 원래 인생이라고 스스로 안도하는 삶.

무리에 속한 삶은 다른 사람과의 비교를 통해 내 자신의 상대적 행복을 측정하기 때문에 내가 무엇을 원하는지 고민하지 않아도 된다. 나보다 잘 사는 사람을 부러워하거나, 나보다 못사는 사람을 보며 안심하거나, 나랑 엇비슷하게 사는 사람을 보고 동류의식을 느끼거나.

이렇게 차선 위에서 속도를 맞추어가며 천천히 늙어가는 것이 무리에 속한 삶이다. **다시 말하지만 이것도 나쁘지 않다.** 무리에 속한 삶에서도 행복을 발견하는 건 어렵지 않다. 어쩌면 무리를 편안해하는 사람이라는 걸 문득 깨닫고, 그 안에서 행복의 가치를 발견하는 것이 우리가 먼저 해야 할 일인지도 모르겠다.

정말, 원하는 걸 하면서 살고 싶은가?

한데 내가 무리에서 이탈하라고 부추기는 사람은, 이런 사람이 아니다. 내가 바라보는 사람은 대한민국에 태어나서 자기가 원하는 인생을 마음껏 누리고, 하고 싶은 걸 실컷 하고, 벌고 싶은 만큼 벌어서 경제적 자유와 행복을 극대화하려는 욕심을 가진 사람이다. 나는 그렇게 많은 돈이 필요 없고, 나는 지금 이대로도 나쁘지 않은걸요, 하는 사람은 내 말이 귀에 들리지 않을 것이다.

내가 말을 걸고 있는 사람은, 인생에 대한 고민을 갖고 있는 사람이다. 그가 학생이든 직장인이든, 결혼한 가장이든 은퇴한 사람이든 자기 인생에 더 하고 싶은 일이 남아 있고, 닮고 싶은 존재가 있어서 스스로에게 가장 큰 선물을 해주고 싶어 하는 사람, 바로 이런 사람이 기존의 부의 추월차선에 대한 막연한 동경만으로 현실의 허상에 갇히지 않도록 하는 게 바로 내 이 책이 목적이다.

이렇게 하면 너도 성공할 수 있어, 라는 자기계발서의 공허한 외침에 흔들리지 않고, 진짜 원하는 걸 찾아서 직진하고자 하는 사람, 독자께서 그런 사람이라면 과감하게 무리에서 이탈하라고 주문하고 있는 것이다.

이 말은 아무 생각 없이 철없는 사람처럼 회사를 때려치우라는 의미로 받아들이진 않았으면 한다. 무리에서 이탈한다는 것이 모든 사회적 관계를 끊으라는 뜻은 결코 아니니까.

무리에서 이탈한다는 것은 그동안 무리에 **무의식적으로 연결되어 있던 가치관의 고리를 끊는 것**을 의미한다. 무리에 속한 채로 무리와 함께 만들어온 고리를 끊은 뒤, 어떤 자리에 가야 하는지는 곧 밝힐 예정이다. 그러나 그 전에 무리와 연결된 고리를 끊는다는 이 말을 다시 한 번 깊이 생각해주길 바란다.

가장 먼저 던지는 질문은 이렇다.

<u>독자께서는 하루에 온전히 나 자신과 대화하는 시간이 얼마나 되는가.</u>

혹은 나 자신에 대해 조용히 생각하는 시간을 하루에 얼마나 확보하는가.

요즘처럼 바쁘고, 빠르게 돌아가는 세상에서 조용히 나 자신과 대화한다는 것은 쉽지 않은 일이다. 가끔 시간을 내서 혼자 여행을 가거나, 산속으로 들어가 종교 수행을 할 때는 그래도 인생에 대해 한 번쯤 생각해보곤 한다. 하지만 1년 중 단 며칠뿐이다. 나머지 날들은 뭘 공부할지, 어디에 취업할지, 언제 승진할지, 매출을 어떻게 더 높일지, 어떤 남자랑 사귈지, 점심에 뭘 먹을지, 병원 검사 결과는 언제 나올지 같은 현실적인 생각을 하느라 바쁘다. 요즘은 휴대폰으로, 온라인에 실시간으로 연결된 세상에 살기 때문에 정보와 대화는 한시도 쉴 틈 없이 쏟아진다. 밀린 카톡에 답장을 하고, 메일 확인만 해도 한 시간이 훌쩍 지나가는데, 일은 언제 하고 잠은 언제 자고, 연애는 언제 하고, 육아는 언제 하고, 학원은 언제 가나. 요즘은 초등학생도 어른처럼 바쁜데 말이다.

게다가 나 자신에 관해 생각하라니. 뭔가 확실한 논리가 없다면 독자께서는 이 말에 설득되지 않을 것이다.

하지만 내가 원하는 것을 얻고, 다른 사람에게 지배당하지 않으려면 무리에서 이탈해서, 혼자 있는 시간이 반드시 필요하다. 그리고 바쁜 세상에서 혼자 있는 시간을 만들려면, 무리와 현실에 얽혀있는 고리를 하나씩 끊어야 한다. 다시 말하지만 관계를 끊으라는 게 아니다. 무리와의 연결고리를 끊으라는 것이다.

무리와 연결된 고리는 어떤 게 있을까? 온라인과 오프라인에서, 다수가 연결되어 무리지어 있는 곳은 모두 해당된다.

온라인에서는 SNS가 있고, 단톡방이 있고, 포털사이트가 있다. 일단 온라인에서는 이 3가지만 끊어도 충분하다. 아침에 눈을 뜨면 휴대폰부터 들여다보는 사람들이 얼마나 많은가. 집안에 있을 때는 출근 준비, 학교갈 준비, 일터로 나갈 준비, 외출 준비 등 때문에 휴대폰을 안 보더라도, 집밖을 나서는 순간 혼자가 되면 주머니에서 휴대폰을 꺼낸다. 그리고 무엇인가를 검색하거나, 누군가와 통화하거나, 단톡방에서 메신저를 보낸다. 이렇게 시작된 하루의 대부분은 휴대폰과 함께이다.

그런데 이 책을 읽으면서 한 번 생각해보자. 독자께서 참여하는 단톡방, 독자께서 읽는 뉴스 기사, 독자께서 연락을 취하는 사람이 **독자께서 원하는 삶과 어떤 관련이 있는가.**

성공한 사람들은 성공한 사람들끼리 인맥을 쌓는다고 한다. 그들끼리의 단톡방, 그들끼리의 SNS, 그들끼리의 뉴스 공유. 그런데 독자는 아직 성공한 사람이 아니지 않나.

독자께서 첼로를 전공한 대학생이라고 하자. 독자는 세계 최고의 첼리스트를 꿈꾸고 있는데, 어느 날 세계적인 첼리스트 뮤지션이 독자께 연락을 해올 가능성은 거의 없다. 그렇다면, 현재 독자가 참여하는 SNS는 아마 세계적인 첼리스트가 되지 않았거나, 되지 못한 사람들과의 소통일 것이다. 이것은 내가 원하는 삶이나 닮고 싶은 존재와 관련이 없는, 무리에 속해 있는 것이다.

우리가 알고 있는 현실에서 부의 추월차선을 타려면 기존에는 어떻게 해야 했나? 닮고 싶은 사람과 가까운 거리에서 그를 최대한 많이 접하고, 보좌해야 한다. 해외 유학을 가서 저명한 첼리스트의 지도를 받아야 한다. 그리고 그의 추천을 통해 국내의 유수의 오케스트라에 합류하거나, 아니면 국내에서 대학원 과정을 거쳐 교단에 서야 한다. 부모나 지인이 음악계의 인맥이 돈독하다면, 그쪽으로 당신의 프로필을 추천할 수도 있다. 문제는 이런 부의 추월차선을 아무나 탈 수는 없다는 것이다. **이런 부의 추월차선을 전용도로로 이용하는 사람들은, 독자도 알다시피 따로 있다.** 그곳은 전용 VIP석이나 공항의 VIP 탑승로처럼 애초부터 보통 사람은 통행이 제한된 곳이다. 그렇다면, 무리로부터 설득된다면 독자가 소통해야 할 대상은 결국 꿈을 이루지 못한 사람들이 아닌가?

우울한 현실이지만, 모두가 그런 길을 간다. 무리에 속하는 것이 편안하고 안전하기 때문이다. 그런데 첼로를 전공한 당신이 정말 첼로를 너무나도 사랑해서, 이걸로 경제적 자유를 얻음과 동시에 명예를 얻고자 한다면, 그런데 인맥도, 학력도, 이렇다 할 배경도 없다면 어떻게 해야 할까?

<u>당신은 무리에서 이탈해서 혼자가 되어야 한다.</u>

어느 날 갑자기 혼자가 되는 건, 쉽지 않다. SNS를 끊고, 카톡도 보지 않고 혼자서 자신과 대화를 하는 것처럼 어색한 일이 또 없다. 죽을 때까지 헤어질 수 없는 나라는 존재와 매일, 매 순간, 정면으로 마주 보는 건 꽤 이상하다. 가장 친숙하게 느껴져야 할 내 존재가 그토록 낯설게 느껴지는 순간을 경험해보면, 역설적으로 그동안 나 자신과 얼마나 대화가 없었는지를 깨닫게 되기도 한다.

사람은 타인을 통해 자신을 비춰보면서 자아를 확인한다. 만약 다른 사람과 말을 거의 하지 않고 혼자서 현대 사회를 살아간다면, 대부분은 제정신을 잃고 말 것이다. 이미 많은 사람이 군중 속의 고독을 경험하고 있고, 그래서 더더욱 휴대폰 속 세상에서 타인과의 연결에 집착하는지도 모른다. 그런데 여기에 한 가지 문제가 있다. 그 관계 속에 비춰본 나라는 사람의 이미지가 타인으로 구성된 무리 속에 왜곡되었다는 것이다.

그렇다. 다른 사람이 말하는 나는 진정한 내가 아니다. **나는 내가 누구라고 생각하는 바로 그 사람이다.** 내가 생각하는 나의 이미지, 겉모습, 라이프스타일, 생각, 말투, 행동 등 나라는 사람을 구성하는 모든 요소들이 바로 나이다. 결코 다른 사람이 말하는 내 이미지, 겉모습, 라이프스타일, 생각, 말투, 행동은 내가 아니다. 다른 사람이 인정하든 그렇지 않든 상관없이, 스스로 나라고 생각하는 사람이 진짜 나이다.

그런데 무리 속에 속해 있으면, 다른 사람이 보는 내가 나라고 착각하기 쉽다. 좀 더 정확히 말하면, 다른 사람이 나에 대해 이렇게 생각할 것이다, 라고 생각하는 바로 그 생각이 왜곡되었다는 것이다.

다른 사람이 나에 대해 말하는 모습이 객관적인 거 아냐? 라고 반문하는 사람도 있을 수 있다. 그러나 여기서 말하는 객관적이라는 건 무슨 뜻인가. A라는 친구가 나를 바라보는 모습은 나에게 객관적인 평가인가? A가 나를 평가하는 건 오히려 A의 지극히 주관적인 평가가 아닌가? A의 입장에서 나를 보면서 내리는 주관적 평가가, 내가 받아들일 때는 객관적으로 변할 수 있는 것일까?

이것이 타인의 평가가 객관적이라는 판단 속에 숨겨진 오류이자 함정이다. 다른 사람들은 나를 절대로 객관적으로 평가할 수 없다. 오히려 다른 사람들이 평가하는 내 객관적인 모습이 있다, 라고 스스로 생각하는 것 아닐까. 내가 말하는 혼자가 된다는 것의 핵심은 이렇게 무리 속에 왜곡된 내 자신을, 친목이라는 이름의 뫼비우스 띠에서, 사회적 합의라는 규칙에서 구출해내는 것이다. 그때에 비로소 독자께서는 진짜 자신과 정면으로 마주할 기회를 갖게 된다.

진정한 변화의 시작, 나 자신과 대화하기

오늘부터 일정 시간 휴대폰을 보지 않고, 인터넷도 TV도 보지 않고, 오롯이 나와 대화하는 시간을 갖게 된다면 진정한 변화가 시작된 것이다. 새해 결심처럼 일회적이지도, 타인에게 보여주기 위한 변화도 아닌, **내 인생을 갈아엎는 새로운 변화의 시간**이 시작되었다.

혼자 있기에 가장 좋은 환경은 주변에 아무도 없는 공간에서, 오롯이 혼자 거닐거나 생각하는 것이다. 그러나 이렇게 하기 힘든 사람도 있을 것이다. 야근이 많은 일을 하거나 가사와 일을 병행하거나, 누군가를 간호해야 하거나, 혼자서는 거동이 어렵거나 등등의 이유로 오롯이 혼자가 될 시간적, 공간적 여유가 없는 사람들도 있다.

혼자가 되기 위해 처음부터 고립될 필요는 없다. 혼자가 익숙해지는 데에는 몇 가지 요령이 있다. 먼저 한 가지 중요한 점을 짚고 넘어가자. **절대로, 몸이 가만히 있어서는 안 된다는 것이다.**

혼자서 자기 자신과 대화를 할 때에는 몸이 움직인 상태로 있어야 한다. 이때 움직임은 몸이 걷고 있어서 움직이거나, 자동차나 지하철 안에 있어서 차가 움직이고 있거나 하는 상태여야 한다. 명상을 하듯이 가부좌를 틀고 앉아서 생각해서는 잡생각만 들 뿐이다.

처음 혼자가 되려는 사람은 생각을 짧고 굵게 할 수 있는 시간과 장소를 정하라고 권유하고 싶다. 내 경우 다음과 같은 3가지 방법이 큰 도움이 되었는데, 이 셋 중 한 가지 방법은 웬만한 사람은 큰 어려움 없이 시도해볼 수 있는 방법이라고 본다.

운전하면서 혼자 있기
지하철, 버스에서 혼자 있기
산책하면서 혼자 있기

자기 자신과 대화한다는 것은 단순히 혼잣말을 뜻하지 않는다. **자기 자신과 대화를 한다는 것은 '사유'한다는 뜻이다.** 생각한다고 하면 가만히 앉아서 뭔가를 골똘히 연구하는 것 같은 뉘앙스가 있어서 일부러 '사유'라는 표현을 썼다. 여기서 '사(思)'는 생각한다는 뜻이고, '유(流)'는 흐른다는 뜻이다. 생각이 계속 꼬리에 꼬리를 물고 흘러가는 것은 어떤 주제에 대해서 자기 자신과 끊임없이 대화를 나눈다는 뜻이기도 하다. 그런데 자리에 가만히

서 있으면 사유가 되지 않고 이런저런 잡생각이 들기 쉽다. 처음에는 한 가지를 골똘히 생각하다가 그것이 오래가지 못하고 옆길로 새어 나중에는 처음과 다른 생각들이 뒤섞이는 경우도 많다.

그래서 움직이면서 사유를 할 필요가 있다. 걸으면서, 혹은 차를 타고 가면서 생각을 하면 몸이 움직이는 상태에 있기 때문에 생각에 자극이 된다. 멀리 걷거나 이동하는 것이 여의치 않다면 방안을 빙빙 돌아도 상관없다. 나도 새벽에 깨어서 사유할 때는 서재를 빙빙 돌면서 사유에 빠져든다. 그러면서 평소에 풀리지 않았던 문제, 내가 답을 내고자 했던 질문들을 이 사유의 바다에 빠트린다.

단순히 조약돌 던지듯 하면 파문밖에 일지 않는다.

내가 올해 성과급이 왜 조금밖에 안 올랐지? 내가 인정을 잘 못 받고 있나? 그럼 지금 뭔가 자기계발을 새로 해야 하나?

이런 질문들이 꼬리에 꼬리를 물고 가는 것도 답을 찾기 위한 방법이지만 바다에서 월척을 잡으려면, 깊은 데로 나아가 그물을 깊게 던져야 하는 법이다. 질문에 답이 있는 경우가 많다. 그러니 나 자신에게 어떤 질문을 던지며 대화할지 조금 더 차분하게 고민해보자. 앞서 성과급에 대한 질문이 가다듬어져 다음과 같은 질문으로 수렴될 수도 있다.

내가 지금보다 연봉이 2배 더 높아지려면 무엇을 해야 할까.

이제 화두가 정해진 셈이다. 여기에 질문을 더 얹어보는 것도 사유하는 연습에 도움이 되겠지만, 처음부터 너무 무리할 필요는 없다. 일단 답을 찾기 위해서 **현재 가장 시급하거나 중요하다고 생각하는 질문을 날카롭게 벼리는 과정을 거치자.** 대개 이렇게 정련된 질문들이 문제의 본질을 건드리는 경우가 많다.

내가 연봉을 높게 받아야 하는 이유를 생각하다 보면, 아래와 같은 질문도 던져볼 수 있다.

⋮
왜 사람은 꼭 일을 하면서 살아야 할까.
왜 한국에서만 살아야 하는 걸까.
왜 나는 월급이 10배가 되면 안 되는 걸까.
왜 나는 우리 회사의 사장이 되면 안 되는 걸까.
⋮

각자의 상황에 따라 여러 가지 질문이 나올 수 있다고 본다. 이 질문을 스스로에게 던지고 그에 대한 답을 자기 자신에게서 구하는 것이 바로, 나 자신과 하는 대화의 특징이다.

내가 나 자신과 주고받는 대화가 뭐 그리 특별할 게 있을까? 거기서 내가 원하는 답을 찾을 수가 있을까? 그게 정답이라는 걸 어떻게 아는가? 사유 훈련을 거쳐 나온 답이 정답이라고 도장을 찍어주는 사람은 없다. 오직 대화하는 나 자신밖에는. 그 답이 정답인지 아닌지는 다른 사람이 알 수 없고, 다른 사람이 참견한다고 해도 정답은 아니다. 이전에 무리에 속해 있을 때는 다른 사람이 나를 어떻게 생각하고, 하다못해 내 가족이 내 의견에 대해 평가나 회답을 주었기 때문에 내 생각을 평가할 기준이라도 있었다. 그런데 온전히 혼자가 되어 사유하는 시간에는 모든 의견이 음소거 된다. 오직 나 자신의 평가 외에는 그 어떤 심사위원도 없다.

그러면 불안하지 않을까. 왠지 혼자서 생각하다가 안드로메다로 가는 것 아닐까. 나 자신과 대화하기 위해 채널을 다 끈 상태로 접어들면, 곧장 이런 걱정이 들기 시작한다. 하지만 걱정하지 않아도 된다. 이게 불안하다면 곧바로 무리 속으로 돌아가면 되기 때문이다. 그곳에서는 당신의 생각을 평가하고, 당신이 사유한 내용에 대해 판단해줄 여러 심사위원도 있다. 그게 편안하게 느껴진다면, 다시 무리 속으로 잠시 돌아가도 된다. 그러나 마음은 편안하겠지만 내가 진짜 원했던 것들, 내가 진짜 옳다고 생각했던 생각을 말할 기회는 또 다시 잃어버릴 것이다.

그러니 두려움을 떨치고 용기를 내서 혼자가 되자

매일 일정한 시간을 내서 나 자신과 대화하는 사유의 시간을 만들었다면, 그 시간을 통해 내가 고민하고 욕망했던 질문을 던졌다면, 축하한다. 이제 진정한 변화를 통한 무한 성장의 길로 접어든 것이다. 독자께서는 조만간 스스로가 정답이라고 생각할 정도로 만족스러운 답을 얻게 될 것이다.

<u>그 답을 가르쳐줄 사람은 바로 자기 자신이다.</u>

 자기 자신과 대화하고, 답을 찾는 과정을 설명하긴 했지만 이 분야는 형이상학이라는 다소 어려운 철학의 영역과 맞닿아 있다. 이 영역에서는 나 자신을 전지전능한 신과 똑같다고 여기는 개념이 나오는데, 나는 이 개념을 이 책에서 다루지는 않을 것이다. 다만, 사유하는 시간에 질문을 던지고, 답을 주고받는 대상인 내 자신이 누구인지는 정확히 알 필요가 있다.

 질문을 하는 나와, 답을 주는 나는 서로 다른 존재인가? 아니면 나라는 자아가 두 사람이 있다는 뜻일까. 아니면 질문하는 순간의 자아와, 답을 하는 순간의 자아가 있을 따름인가. 어려운 질문이다.
 이 질문을 사유의 바다에 던져도 답을 얻기란 쉽지 않다. 그러나 명확한 점 하나가 있다. 바로 내 인생에서 가장 소중한 것은 내 자신이라는 점이다. 내 인생에서 가장 소중한 존재는 내 인생에서 가장 으뜸가는 존재이다. 세상에서 가장 으뜸가는 존재는 그 세상의 신이다. 이것이 우리의 전제 조건이다.

1단계. 내 인생의 가장 소중한 존재는 나다.
2단계. 내 인생의 가장 소중한 존재는
   나에게 가장 좋은 것을 해줄 수 있다.
3단계. 내 인생의 가장 소중한 존재인 나는
   내 인생의 신이다.

내가 만든 세상의 조물주가 되는 법

이래도 조금 어려운 것 같다. 그럼 이렇게 한 번 생각해보자. 독자께서는 마음속으로 예술가가 되려는 꿈을 가진 평범한 회사원이다. 그런데 당신에게는 딸이 하나 있다. 가족과 딸을 생각해서 월요일부터 금요일까지 열심히 일하고, 주말에는 가족과 함께 시간을 보내는 소박한 행복의 나날이 이어진다.

그런데 당신의 세상에서 으뜸가는 신인 당신의 자아는, 당신이 예술가의 꿈을 품고 있다는 사실을 알고, 당신에게 이걸 현실로 만들자면서 말을 걸어온다. 당신은 사유의 시간에 이런 자아의 말을 듣고, 예술가의 길을 걸을지에 대해 아직 답을 얻지 못한 상태다. 지금 자신은 이미 예술적 기질이 사라진 지 오래고, 자신의 작품이 상업성을 얻어서 현재의 직업을 대체할 수 있을지, 아직 확신이 없다.

그런데, 당신의 자아는 그 일은 나에게 맡기고 우선 예술가가 진심으로 되고 싶은지 말해달라고 한다. 당신이 그렇다고 동의하기만 한다면, 나머지는 자신이 알아서 해결할 테니 **그것을 진심으로 원하는지**만 말해달라고 한다. 그러자 독자는 끊임없는 사유 끝에 그것이 자신이 진정으로 원하는 바라는 것을 깨닫고, 자신의 위대한 자아에게 이렇게 선언하기에 이른다.

'나는 내가 만든 작품으로 상업적 성공을 거둔 위대한 작가가 된다.'

그렇다면 위대한 자아에게 이렇게 질문할 차례이다.
그런데 어떻게 내가 위대한 작가가 되지?
어떻게 사람들에게 내 작품을 팔 수 있지?
아니 그보다, 어떻게 하면 위대한 작품을 내가 만들 수 있지?
그에 대한 답을 얻고자 하니 답을 알려줘.
위대한 자아는 이미 당신의 선언을 들었고, 그에 대한 당신의 질문을 들었다. 이제 위대한 자아는 일을 시작할 것이다. 현실의 무리에 속해서 왜곡된 자아를 가진 나와 달리, 원래의 모습 그대로를 담고 있는 자아에게는, 현실의 제약이나 환경의 변수가 걸림이 되지 않는다. 자아는 꿈이라도 꾸면 모든 것을 이룰 것처럼 그 모든 것이 가능하다고 말할 뿐이다.

그렇다면 그 다음은 무엇일까? 이제 사유의 시간이 끝나고, 무리에게로 돌아가 어떤 일을 해야 할지 결정해야 할 시간이다.

여기까지 왔다면 성공이다.

혼자가 되는 1차 목적을 다시 정리하자면 다음과 같다.

첫째, 무리 속에서 왜곡된 자아 이미지를 찾기.
둘째, 내 자아가 진짜 원하는 바를 이루기.

무리에서 떨어진다는 것은 다른 사람의 의견을 신경 쓰지 않고 오로지 나 자신에게 집중하기 위한 과정이다. 나는 이걸 '정신을 세탁한다'고 표현한다. 어른이 된 이후 꿈을 상실한 채 먹고 사는 것에만 매달리고 살았다면, 정신에 때가 많이 묻은 상태이다. 여전히 꿈을 이루고 싶은 마음이 한켠에 있지만, 그것이 드러날 틈도 없이 바쁜 일상을 살았다면 이 정신을 깨끗하게 표백하는 과정이 필요하다.

나라는 존재의 테두리 밖에서 벌어지는 일, 다른 사람의 간섭이나 통제, 가족과 친구들의 이유 없는 반대 등은 모두 사회적 연결고리로 인해 발생하는 것이다. 이 연결고리를 처음에 일시에 끊지 않으면, 이 연결고리로 인해 죽을 때까지 휘둘리게 된다. 내면에 이루고 싶은 꿈이나 소망이 있다면, 이 연결고리를 **일시적으로, 수시로** 차단한 채 내면으로 깊이 들어가 자기 자신과 대화해야 한다.

물론 사유 훈련이 늘 성공하는 건 아니다.

사유 훈련을 하다 보면 자기 내면에서 울려 퍼지는 부정적인 메시지를 듣게 되기도 한다. 시간을 내서 사유 훈련을 할라치면, 잡생각이 들면서 휴대폰 메신저가 울리고, 몸이 근질근질해지기 시작한다.

내가 갑자기 왜 이런 짓을 하고 있지? 차라리 이 시간에 책이라도 한 권 더 읽는 게 낫지 않을까. 이건 특별한 사람들만 할 수 있는 방식 아닐까. 가족들이 반대하는 데 굳이 이렇게까지 해서 뭘 얻으려고 할까.

좋은 말은 하나도 없다. 당신의 꿈이 제아무리 순수하고 뜨거운들, 이렇게 막강한 내면의 목소리를 이길 수 있는 힘은 없을 것이다. 이 과정에서 무너질 가능성이 높은 것도 이 때문이다.

이때 들려오는 부정의 말들은 자아의 반대편에서 사회적으로 학습하고, 경험적으로 체득한 지식을 통해 목소리를 잠시 높이는 것뿐이다. 독자는 이 순간, 스스로가 파놓은 함정에 빠질 위험이 있다. 유혹의 목소리는 경험과 지식을 토대로 하기 때문에 합리적이고, 반복적인 만큼 세뇌되기 쉽다.

이때 독자께서 해야 할 일은 그것을 일단 인정하는 것이다. 맞아, 그럴 수도 있지. 이 말을 주문처럼 되뇌는 것이 중요하다. 당신이 예술가가 되겠다고 하면 가족들이 "당신이 그 나이에 무슨 예술가야"라고 말하면 버럭 화를 내기 전에 이렇게 대답한다. "맞아, 당신 말이 맞을 수도 있어." 이것은 상대방의 반응을 존중하면서도, 상대와 싸우지 않고 그 발언을 무시하는 마법의 문장이다. 맞아 그럴 수도 있어(그렇지만 사실 내 말이 맞을 거야).

이런 경우 **상대와 맞서 싸워서 내 꿈을 쟁취해야 한다고 생각하면 잘못 생각하고 있는 것이다.** 부정의 특성은 맞서면 맞설수록 더 강력해진다는 것이다. 부정은, 부정의 여지를 인정하고 그것을 긍정하면 대부분 해결된다. 사유 훈련을 시작할 때 주변에서 들리는 부정의 언사들은 자연스러운 것이다. 처음엔 그런 부정의 반응들이 소음처럼 계속 들리겠지만 당황하지 말자. 부정의 반응에 지배되지 않고, 일단 긍정으로 받아들이고 나면 부정은 곧 힘을 잃을 것이다.

내가 막 구워져 나온 빵이라고 생각해보라. 우리가 하는 일은, 빵이 되어버린 생각을 생지 상태로 되돌리는 일이다. 생지가 깨끗하고 불순물이 없어야만 빵으로 구워졌을 때 노릇노릇하고 맛있을 것이다.

여기까지 읽은 독자께서 과연 얼마나 사유 훈련을 할 수 있을지, 그 과정에서 얼마나 주변의 부정을 긍정으로 받아들일 수 있을지 걱정이 되기도 한다.

그러나 우리는 아직 갈 길이 멀다. 앞서 설명한 방식대로 무리에서 탈출해서 나 자신과 대화하는 시간을 확보하고, 그 과정에서 사유 훈련을 통해서 진짜 원하는 소망을 찾아내는 작업을 시작했다면, 그 이상의 자세한 설명은 불필요하다. 이제 말랑말랑해진 생지를 맛있는 빵으로 만드는 과정으로 접어들어야 한다.

- **다시 한 번 생각해보자.**
  잠시 모든 연락을 끊고 혼자 조용히 사색에 잠겨 보는 건 어떨까?
  매일 생각할 시간을 따로 떼어 10~20분 정도 집중적으로 생각하면
  어떤 변화가 일어날까?

제2원리.
어떤 것에 영향을 받지 말고 독립적으로 생각하라.

고전 독서를 통해 진짜 내 생각을 가려낼 수 있는 힘을 길러낸다.
이것은 다른 텍스트의 영향을 최대한 받지 않기 위한 방법이다.

• • •

    보통 자기계발서는 혼자서는 아무 것도 이룰 수 없고, 성공하고 싶다면 주변의 도움을 받으라고, 어떻게든 유의미한 인맥을 구축하라고 조언한다. 그러나 상위 5% 이내의 인재와 네트워킹을 할 수 있는 사람은 소수이며, 이마저도 경쟁이 치열해 요즘은 이런 인맥을 통해 관계가 이뤄지는 경우는 드물다. 앞에서 살펴봤듯, 무리에 속한 채로 성공의 논리를 따르자면 독한 마음을 먹고 이 좁은 문을 통과해야 한다.

    무리를 벗어나면 고독한 굶주림만이 기다리고 있다는 소문과 달리, 막상 울타리를 벗어나 혼자가 되고 보면, 자유의 에너지가 얼마나 큰지 체감할 수 있다. 이전에는 안 될 수밖에 없는 온갖 합리적 이유들이 나를 둘러싸고 있었다면, 사유 훈련을 통해 울타리 바깥으로 나오면 내가 원하는 걸 하거나 갖지 못할 이유가 없다는 걸 알게 된다. 다시 한번 기억하자. 무리에서 벗어난 이후 **내가 생각하고 말하는 모든 것의 주인이 바로 나 자신**이라는 걸 깨달을 때까지, 철저히 혼자인 시간을 통과해야 한다.

이 과정이 처음에는 외롭거나 혼란스러울 수 있다. 하지만 몸에 밴 무리의 냄새를 벗어버리는 데는 시간이 걸린다. 그 시간이 얼마나 걸릴지 사람마다 다를 것이다. 매일 부정의 말을 속사포처럼 맞으면서 이 사유의 시간을 통과하는 데 오직 혼자의 힘으로 버텨야 한다면, 고될 것이다. 다행스럽게도 우리에게는 언제든지 든든히 버티고 올라서 기댈 수 있는 거인의 어깨가 있다. 독자는 이 거인의 어깨에 올라 고독과 불안감 등을 떨쳐낼 수 있다.

<u>이 거인은 바로 고전 독서이다.</u>

서점에는 수많은 자기계발서가 쏟아져 나온다. 주식이나 부동산으로 돈을 버는 방법, 쇼핑몰을 창업해서 부업을 하는 방법, 갑자기 부자가 된 누군가의 기막힌 경험담 등 성공과 처세를 둘러싼 여러 관점의 책들이 쏟아져 나온다. 대부분은 읽었을 때는 맞는 말 같지만 책을 덮으면 뭘 해야 할지 어리둥절한 책들이다. 그리고 언제 그랬냐는 듯 내 삶은 평소와 다름없이 흘러간다. 그리고 잊을 만하면 또 다시 출간되는 자기계발서들을 사서 읽는다. 왜 모든 저자의 말이 맞는 것 같고, 책을 읽을 때마다 관점과 생

각이 손바닥 뒤집듯 쉽게 바뀌는지 한 번쯤 생각해보자. 앞서 제1원리인 사유 훈련을 통해 생각의 바다에 그물을 던져봐도 된다.

자기계발서를 읽은 뒤, 정작 내 삶이 크게 달라지지 않는 이유는 딱 한 가지다. **저자보다 내 생각의 힘이 약하기 때문이다.** 이미 책을 여러 권 쓴 저자이기도 한 내가 저자 입장에서 보면, 책을 읽는 독자는 책을 쓴 저자보다 생각의 힘이 약한 경우가 많다. 여기서 생각의 힘이 약하다는 게 꼭 부정적인 의미는 아니다. 저자는 어떤 주제로 책을 쓰기까지 이미 오랜 시간 생각의 힘을 축적해놓은 상태이기 때문에, 저자의 책 내용을 받아들이는 독자는 해당 주제에 대해서는 저자보다 생각의 힘이 약한 것이 당연하다. 그런데 이때 독자는, 저자가 가진 방대한 지식 때문에 저자의 생각을 따라가는 경향이 있다. 사유 훈련이 되어 있지 않은 독자라면 저자의 지식에 압도되어 저자의 메시지에 쉽게 설득될 가능성이 높다. 주로 자기계발서의 책들이 그때그때 트렌드에 맞게 씌어진다는 점을 감안하면, **자기계발서 저자들이 지식으로 독자를 설득하고 있는 상황**이 벌어진다.

독자가 사유 훈련을 통해 생각의 힘을 키워놓지 않는다면, 아무리 많은 자기계발서를 읽어도 삶이 바뀌지 않는 이유가 그 때문이다. 생각의 힘이 약한 저자의 지식에 영향을 받아서, 자신 또한 저자의 지식을 축적하면 생각의 힘이 키워질 거라고 잘못 판단하는 경우도 있다. 그러나 지식의 양이 생각의 힘과 반드시 비례하는 건 아니다.

그러므로 현명한 독자는 저자의 지식에 설득되기 전에 저자의 생각의 힘을 재어봐야 한다. 저자가 강한 **생각의 힘**으로 자신의 지식을 통해 메시지를 전달한다면 이에 설득되겠지만, 생각의 힘이 약한 저자는 생각의 힘이 강한 독자를 설득할 수 없다.

어떤 저자가 책을 통해 생각의 힘으로 독자를 설득했다면, 그는 독자의 사유에 접속해서 영향을 끼쳤다고 말할 수 있다. 반대로 사유가 약한 저자는 자신의 지식을 전달할 뿐, 독자의 사유에 접속할 수 없고, 독자의 사유에 접속하지 못함으로써 독자의 삶을 바꿀 수 없다. 책을 읽는 독자의 삶이 변하지 않는 건, 이러한 자기계발서들이 독자의 사유 시스템에 접속해서 생각의 힘을 키워주지 못했기 때문이기도 하다. 이것이 바로 자기계발서 대신 고전을 읽어야 하는 이유다.

오늘부터 고전 읽기를 시작하자

독자의 생각에 접속해 생각의 힘을 키워주는 책은 따로 있다. 앞서도 언급했듯 고전이 여기에 해당한다. 고전은 영어로 'great books'라고 한다. 말 그대로 '위대한 책'이다. 위대한 책의 기준은 사람마다 다를 수 있지만, 내 경우 **한 사람의 세대를 넘어서까지 영향을 끼치는 책**을 고전의 기준으로 삼는다. 즉, 저자가 책을 쓴지 100년이 넘은 책이 여전히 독자들에게 읽히고 있다면, 그 책은 세대를 걸쳐 많은 독자들의 생각에 영향을 미친다는 뜻으로 고전으로 대우받아야 마땅하다.

그렇다면 100년을 넘어 500년, 1000년 된 책은 어떨까. 만약 1천년도 전에 나온 책이 여전히 오늘날에도 읽히고 있다면, 그 책은 뭐라고 불러야 할까. 고전 중에도 고전인 책은 인류 정신의 보고라고 해야 할 것이다. 그렇다면 한 번 따져보자. 나온 지 불과 1년, 2년밖에 안 된 자기계발서 책이 가진 생각의 힘과, 나온 지 100년, 1000년이 된 책이 가진 생각의 힘 중 어느 것이 더 셀까.

책이 가진 생각의 힘을 기준으로 봤을 때 말이다. 물론 세상의 모든 자기계발서가 꼭 생각의 힘으로 평가받아야 할 필요는 없다. 어떤 책은 독자에게 트렌드를 설명해주고, 어떤 책은 생각지도 못했던 통찰력을 얻게 해준다.

<u>그러나 보잘것없는 책에서도 황금을 발견하는 안목을 키우려면, 생각의 힘을 길러야 한다.</u>

생각의 힘이 강한 독자는 저자가 남긴 희미한 발자국에서도 자신에게 도움이 될 만한 내용을 추론해서 파악할 수 있기 때문이다. **사유 훈련을 거쳐서 부정의 장막을 통과하려면 고전 저자들의 도움을 받아 생각의 힘을 키워야 한다.** 매일 수련을 한다고 생각하면 편하다. 사유 훈련을 하기 전과 훈련을 한 다음, 몸을 풀어주는 스트레칭을 하듯 고전들을 읽어보면 생각하는 힘이 얼마나 순식간에 확장될 수 있는지 알고 놀라게 된다. 마치 권투 연습을 혼자서 어설프게 하던 훈련생이, 세계 대회 우승자인 선수와 스파링을 하고 단번에 실력이 좋아지는 것과 같다. 독서의 세계에서는 세계 대회 우승자가 곧 고전 저자이다.

고전 저자들은 동서고금을 막론하고 분야별로 다양하게 포진

되어 있다. 문학과 과학, 예술과 철학 등 고전 독서리스트를 꼽자면 이미 수백 권이 넘어가는 지경이다. 솔직히 말하면 이 책들을 죽기 전에 모두 읽을 수 있을지도 미지수인데, 매일 쏟아지는 자기계발서를 따라 읽느라 시간을 허비할 수 없겠다는 생각마저 든다.

  더 영양가가 높고 맛있는 음식이 있어서 자극적인 인스턴트 음식을 조금씩 피하게 되는 것과 같다고 할까. 그럼 이 고전 중에서 대체 어떤 책을 선택해야 할까. 처음부터 어려운 책을 따라갈 필요는 없다. 방정식도 헷갈리는 사람이 유클리드 기하학 원론을 붙들고 씨름해본들, 고전 독서에 염증만 느낄 따름이다.

  내 경험을 비춰서 얘기해보자면, 고전 독서는 번역자가 누군지에 따라서 생각의 문이 열리고 닫히는 차이가 있었다. 고전을 원문 그대로 읽을 수 있는 사람은 논외로 하고, 대부분은 한글로 번역된 원전을 읽게 된다.

  이 때문에 역자가 한국어로 충실히 번역한 책을 선별해 읽어야만, 고전에 담긴 생각의 힘을 경험해볼 수 있다. 나는 그 시작으로 천병희 선생님께서 번역한 순수고전 시리즈로 시작할 것을 권유한다. 천병희 선생님은 고전을 충실한 우리말로 옮기고자 오랫동안 노력하고 계신 학자인데, 선생님의 책은 숲 출판사에서 출간되고 있다. 여러 책들 중에서도 플라톤 전집을 손에 들고 읽어볼 것을 권유한다. 서양 철학사는 플라톤의 주석이라는 말처럼 플라톤과 그의 스승인 소크라테스가 가진 생각의 힘을 '진하게' 경험해볼 수 있는 기회다.

*추천 고전 도서
플라톤전집 세트(전 7권), 플라톤 저, 천병희 역, 숲(2019)

   고전이 읽기 어려운 이유 중 하나는 왜 읽어야 하는지 동기부여가 안 되기 때문이다. 고전이 대부분 옛날 말로 쓰인 데다 책에서 다루는 주제가 추상적이기 때문이다. 예를 들어 소크라테스를 통해 미덕은 배울 수 있는지 토론하는 걸 읽고 있으면, 미덕이 부족한 내 삶을 반성해야 하는지 헷갈린다.

   고전을 처음 읽거나 오랜만에 읽는 사람은 이와 비슷한 어려움을 느낄 것이다. 우리는 책을 읽는 목적이 지식 습득, 즉 공부라고 배웠다. 책을 읽으면 공부가 되고, 공부가 되면 머리가 좋아져서 성공할 가능성이 높다는 식이다. 그런데 **고전을 읽을 때만큼은 이 생각을 머리에서 지워야 한다.** 고전은 내용을 습득하기 위해 읽는 책이 아니다. 고전에서 다루는 주제는 생각, 그 자체 즉 사유를 건드린다.

   물론 세상의 모든 책은 독자를 생각으로 이끈다. 그러나 물살로 비유를 하자면 대부분의 책이 생각을 조금씩 출렁거리게 하는 정도라면, 고전은 생각하는 데 있어 파도를 치게 만든다. 책을 전혀 읽지 않아서 머리가 굳은 사람도 고전을 읽게 되면, 강제로 사유의 파도가 격동한다. 고전을 읽는 시간 동안 사유하는 뇌는 시동을 켜고, 주행 모드로 들어간다. 고전의 내용을 모두 이해하지 않더라도, 이해하려고 노력하려면 큰 생각의 힘이 필요한데 이렇게 생각의 힘을 크게 가동하면 머릿속에서 하나의 작은 우주가 만들어진다.

고전을 읽으면 생각의 우주가 펼쳐진다

파도가 출렁거리면서 사유 모드가 활성화되면, 집중적으로 생각하는 과정에서 머리가 맑아진다. 처음에는 개념이 어려워 머리가 아파오겠지만, 조금만 익숙해지면 금방 책에서 던진 화두로 인해 또 하나의 세계가 펼쳐지는 게 느껴질 것이다. 이렇게 맑은 머리로 고전을 끝까지 흥미롭게 읽어나가는 것도 필요하고, 중요한 일이다. 그렇지만 그보다 중요한 게 있다.

<u>이때 답을 찾길 원하는 질문을 스스로에게 던지는 것이다.</u>

고전을 손에 들고 읽는 시간이 각자 얼마나 걸리든, 일단 독서를 통해 이 모드가 활성화되었다는 걸 스스로 느끼는 상태가 되면, 그 다음에는 이 완전한 사유 모드에서 내가 답을 듣고 싶은 질문을 스스로에게 던지는 것이다. 아까 위에서 언급한 질문을 그대로 끌고 오자면 이렇다.

⋮
내가 지금보다 수입이 2배 더 높아지려면
무엇을 해야 할까.
⋮

혁신의 원리

그 순간, 결정적 질문을 던진다는 것은, 스스로가 고전 독서를 통해 고양된 최고의 사유 상태 안에서 최선의 답을 발견한다는 것과 같다. 독자의 뇌, 그리고 마음은, 1천년이 넘도록 굳건하게 버텨온 개념을 익히면서, 세상 무엇이든 창조해낼 수 있는 의식으로 접어든 상태이다. **물론 이 상태가 그리 오래 가진 않을 것이다.** 그렇기 때문에 이 상태를 의식했다면, 재빨리 책을 내려놓고 앞서 언급했던 것처럼 산책을 하거나, 방안을 빙빙 돌거나, 몸을 움직이는 상태로 만들면서 내가 답을 듣고자 하는 질문을 스스로에게 던지면서, 자기 자신과 대화를 해야 한다.

답을 찾고 싶은 질문이나 목표를 달성하기 위한 방법을 찾지 못해 답답할 때, 고전 독서를 통해 말랑말랑해진 생지 상태의 뇌에서, 위대한 생각을 채집한다.

나는 이 상태를 다른 사람에게 쉽게 설명하기 위해 '생각을 오븐에 돌린다'라고 묘사한다. 생지 상태에서 떠오른 생각을 오븐에 넣고 돌리면, 생각이 점점 완성된다. 생지가 점차 빵으로 구워지는 것과도 같다.

이 상태에서 앞서 떠올린 질문에 대한 답변이 나오게 되는데, 그 생각 또는 의견은 아마도 살면서 내렸던 그 어떤 결정보다도 탁월할 것이라고 믿어도 좋다. 내 경험상으로도 이 상태에서 내린 결정 대부분이 인생을 바꾼 결정적 순간이었다.

생각으로 자립한 인간 되기

 이제 독자는 혼자서 생각하고, 고전 읽기를 통해 질문을 하는 방법을 알게 되었다. 그런데 굳이 무리에서 빠져나와야 하는지, 다른 사람과 함께 이 과정을 하면 안 되는지 묻는 독자도 있다. 왜 무리에서 빠져나와 사유 훈련을 해야만 하는지 단 한 마디로 말한다면, 생각이 자립할 수 있기 위해서이다.

 나는 우리가 삶을 사는 동안 부자로 살지 못하는 이유, 뻔한 인생을 사는 이유가 **다른 사람에게 기대기 때문**이라고 본다. 내가 내린 삶의 선택이 내 판단이 아닌, 다른 사람의 판단이 기준이 되었을 때, 이것은 생각의 의존을 불러온다. 그리고 다른 사람들의 선택을 보고 휩쓸려 선택한 투자나 사업, 직업, 인생은 내가 주체적으로 생각하고 내린 선택보다 성공할 확률이 낮다. 한 가지 예로 들어보자.

 이 글을 쓰기 전 나는 조금이라도 돈을 벌고자 하는 독자의 마음으로 유튜브에 한 번 접속해보았다. 그런 나를 기다리기라도 했듯, 어떤 광고가 등장했다. 직장인인 아무개가 하루 30분을 투자했더니 월 수백만 원을 부업으로 벌었다는 내용이었다. 그리고 그 방법을 알려주는 강의를 수강하라고 나를 독촉했다. 다른 사람이 벌었고, 내가 그 방법을 알고 있으며, 그래서 이걸 그대로 알려주겠다는 말은 언제나 듣기에 달콤하다. 그대로 따라 하면 나 또한 부자가 되는 건 시간 문제일 것 같다. 나 역시 영상을 보는 동안 혹해서 하마터면 지갑을 열어서 결제창에 신용카드 번호를 입력할 뻔했다.

그 순간, 내가 느끼는 감정의 실체가 바로 '의존'이다. 나 혼자는 도저히 방법을 못 찾을 것 같아서 다른 사람들이 내린 선택의 결과를 보고, 의존하고 싶은 것이다. 내가 이 광고를 봤다면, 내 앞뒤로 수백 명은 이 광고를 봤다는 얘기일 텐데 그 사람들이 모두 똑같이 수강을 해서 월 수백만 원을 벌었을 리 없을 텐데도 말이다.

조금만 생각해보면, 누군가 알려준 정보를 그대로 따라서 시도했을 때 같은 결과가 나오는 일이라면, **이미 손이 빠른 사람이 그 정보를 토대로 대규모 인원을 고용해서 수익을 선취하는 것이 타당**하기 때문이다.

이 광고가 나에게 "이 일은 수강을 하더라도 돈을 당장 못 벌 수도 있으며, 기존에 경쟁자들이 있어 진입장벽이 높기 때문에 성공 확률은 20%에 불과합니다. 그래도 꾸준히 노력하면 20% 안에 들 수 있으니 한 번 시도해보세요"라고 호소했다면 오히려 관심을 갖고 수강을 했을 것이다. 그런데 돈을 벌어야 한다는 강박관념이나 조급함이 생겼을 때는 이러한 독립성을 잃고 만다. 그리고 마음 깊은 곳에 웅크린 의존성이 발동되고 나보다 똑똑한 사람들의 말을 신뢰하고 싶어진다. 여기에 바로 함정이 있다.

이것은 단지 돈을 벌기 위해 수강하는 온라인 강의에만 해당하는 일이 아니다. 의식주를 둘러싼 모든 분야에서 이런 의존심이 우리의 선택을 좌우할 수 있다.

내 친구들이 아파트를 사면 나도 꼭 사야 하고, 영어유치원이 대세라고 하면 우리 아이도 영어유치원을 보내야 하는 식이다.

대학을 졸업하면 공무원 시험에 지원하거나, 대기업 공채를 준비하는 것도 의존심이 전형적인 발동이다. 생각해보면 직업을 결정하기 위해 4년이란 시간을 공부했는데, 대다수 대학을 졸업한 취준생들 다수가 공무원 시험이나 대기업 공채를 준비한다는 건 정말 이상한 일이다.

한 번 상상해보고 싶다. 4년이라는 시간 동안 취업을 염두에 두고 스펙을 쌓는 학생들이 이 모든 걸 그만두고, 모두 도서관에 모여서 진지하게 고전을 읽어 내려가는 상상을 말이다. 그들이 미디어의 선동과 중산층 삶에 대한 내러티브에 속지 않고, 정신을 차리고 깨어서 자기 인생의 앞길을 진지하게 모색하는 상황 말이다. 그러면 아마도 최소한 한국은 더 이상 희망이 없다면서 미국이나 캐나다, 호주 등으로 이민을 가는 사람들은 줄어들지 않을까. 혹은 미국보다 IT가 발전한 한국에서 인스타그램이나 구글 같은 기업이 나오지 말라는 법도 없다.

나는 이 모든 가능성의 밑바탕에는 독립적인 사고가 필수조건이라고 생각한다. 우리가 항상 착각하는, "주변에서 다들 그러던데"라거나 "내가 아는 선배가 그러던데" 혹은 "교수님이 그러던데" 같은 가정법에 속지 않고 그 모든 말들을 머릿속에서 지운 채로 오직 "내가 진짜 원하는 것이 무엇인가"라는 질문에 대한 답을 찾는다면 말이다.

고전을 읽을 때 꼭 외국의 고전만 읽어야 하느냐는 질문을 받는다. 서양 고전 독서가 사유 훈련에 있어 큰 도움이 되는 건 사실이다. 어떤 사람은 동양 고전 독서가 훨씬 더 도움이 된다고 말할 수 있다. 사실 동서양 고전 어느 쪽을 택하든 독자의 성향에 따른 선택이다. 다만 내 경우는 서양 고전 독서를 통해 사유 훈련을 하고, 동양 고전 독서를 통해 마음을 가다듬는 식으로 훈련을 해왔다.

동양 고전 독서의 경우, 처음부터 논어와 맹자를 깨겠다는 각오로 사서삼경을 원서로 읽는 단순 무식한 방법은 피해야 한다. 학식이 어느 정도 있는 사람이라도 이들 경전을 원서로 맞닥뜨리면 제대로 소화할 가능성보다는 체할 가능성이 더 높기 때문이다.

서양 고전 독서에서 역자의 도움을 받았던 것처럼, 동양 고전 역시 처음에는 우리를 고전의 깊은 생각으로 안내해줄 조력자가 필요하다. 내게는 그 대표적인 인물이 이한우 선생님이다. 기존 학자들이 번역한 경서의 오역을 바로잡고, 고전 입문자도 쉽게 이해할 수 있도록 경서의 문맥을 잡아주는 책들이다. 조선일보 기자 출신인 이한우 선생님께서 풀어놓으신 사서 입문서는 출판사 해냄을 통해 구입할 수 있다.

*추천 고전 도서
이한우의 사서삼경 사서 세트, 이한우 저, 해냄(2020)

그럼 정리해보겠다. 무리에서 이탈하고, 혼자가 되라는 것까지 이해가 되었다면, 고전 독서를 통해 사유 훈련을 해야 하고, 사유가 활성화된 상태에서 내 인생의 질문을 던지면 답을 구할 수 있다, 가 우리가 논의한 것들의 결론이다.

혼자가 되는 것까진 이해하겠는데 왜 꼭 책인가, 나는 독서가 정말 어렵고 힘들다. 독서할 시간조차 내기 어렵다. 다른 방법은 없는가, 라고 묻는다면 **애석하게도 없다.**

오직 독자의 생각을 뒤흔드는 매체는 강의도, 음악도, 예술도 아닌 고전에 적힌 텍스트이다. 영상에 익숙한 세대에 독서를 통한 생각을 논한다는 게 너무 고리타분하거나 뻔하게 느껴질 수도 있다. 하지만, 유튜브를 사들인 구글의 창립자 세르게이 브린도, 우리가 매일 들어가보는 인스타그램을 사들인 페이스북의 창립자 마크 주커버그도 모두 고전 독서를 통해 영상의 세계를 지배한 사람들이라는 건 새롭지 않은 사실이다. 우리는 그들이 만든 세계 속에서 살고 있다. 그렇다면 우리가 그들이 영상의 세계를 어떻게 지배했는지를 알기 위해는 그들의 생각 속으로 들어가 볼 필요가 있다.

유력한 힌트가 있다면 그들이 읽었던 고전을 통해 똑같은 고전 저자들의 생각에 영향을 받아보는 것이다. 그렇게 된다면 그들이 어떻게 페이스북과 구글을 창업해서 큰 성공을 거뒀는지 알아낼 가능성이 매우 높다.

다시 생각해보자.

위대한 거인의 생각인 고전을 읽으면 나는 어떤 위대한 생각을 갖게 될까?
혹시 왕과 같은 생각을 갖게 되면 내 일상에 어떤 변화가 일어날까?

제3원리.
더 큰 생각에 접속한 뒤, 다른 생각을 다스려라.

큰 생각을 함으로써 작은 생각을 다스리는 법을 배운다.
이것은 주변 환경에 영향을 덜 받고 오직 내 힘으로 성공하기 위한
조건이다.

• • •

조선의 학자 율곡 이이는 조선의 14대왕인 선조에게 바치는 책 <성학집요>에서 동양 경전 중 하나인 <대학>을 배우는 목적이 기질을 바꾸기 위한 것이라고 쓴 바 있다. 왜 고전을 읽고 사유를 해야 하며, 이 방법만이 기존의 부의 추월차선에서 경쟁하지 않고도 성공할 수 있는 걸까. 그것은 바로 **고전 공부가 '기질'을 바꿔주기 때문**이다.

사람은 누구나 태어난 성향이 있기 때문에 본성에 따른 기질이 저마다 다르다. 이 때문에 배움에 있어서도 책에서 배우는 사람도 있고 사람에서 배우는 사람도 있고, 경험에서 배우는 사람도 있다. 그러나 어떤 공부도 자신의 기질의 쉽게 바꿔주지는 못

한다. 그런데 **성공하려면 기질이 바뀌어야 한다**, 고 나는 생각한다. 좋은 인적, 물적, 금전적 자원을 갖고도 성공하지 못하는 사람은 이 성공의 기질을 배우지 못했기 때문이다.

머리는 정말 똑똑한데 욱하는 성질이 있어서 매사를 그르치는 A가 있다고 하자. 이 사람은 자신처럼 똑똑한 사람이 왜 돈을 많이 못 벌고 성공의 길을 걷지 못하는지 자책하고 있다.

처음에 이 사람은 이것을 외부의 환경 탓으로 돌린다. 부모의 덕을 보지 못해서, 집안이 가난해서, 학력이 부족해서, 더 많은 인맥을 쌓지 못해서, 운이 나빠서 등등 자신이 성공하지 못하는 이유를 찾아보니 퍼즐이 맞춰지는 것 같다. 그러자 이 사람은 자신에게 불리한 환경을 만회하기 위해 외부에서 돌파구를 찾는다. 더 좋은 인맥을 찾거나 투자자를 찾거나, 더 많은 책을 읽는 식이다.

어쩌면 그의 생각이 옳을 수도 있다. 만약 A에게 A가 부족하다고 생각하는 자원이 일시에 모두 갖춰진다면, 그는 단번에 성공 가도에 올라설 수도 있다.

그러나 이런 로또 맞는 것 같은 행운이 어느 날 갑자기 생길 리 만무하다. 그래도 A는 계속 부의 추월차선을 타려고 한다.

하지만 궁극적으로 A가 성공하지 못하는 이유는, 그의 변하지 않는 기질 때문이다. 이걸 바꿔말하면 A가 기질을 바꾸면, 외부 환경의 도움 없이도 성공할 수 있다. 이 때문에 <대학> <중용> 같은 동양 경전에서는 자신을 돌아보고, 뜻을 세우면 천하를 다스릴 수 있다고 했던 것 아닐까. 기질을 바꾸려면 차분히 앉아서 경전, 즉 고전을 읽고 깊이 사유해야 한다. 고전 독서는 '너 자신을 알라'는 소크라테스의 명제처럼 자신을 올바로 파악할 수 있는 길을 열어주기 때문이다. 그리고 내가 누군지 알면, 내 주변 환경, 나아가 천하를 다스리는 일이 가능해진다.

독자께서는 당신은 고전을 읽고 그런 사람이 되었느냐, 라고 되물을 것이다. 부끄럽게도 갈 일이 한참 멀다. 갈 길이 한참 먼 수행자가 이런 글을 쓰는 것이 몹시 부끄럽기도 하다. 그런데도 몇 걸음이라도 먼저 디뎌보니 누군가 나에게 조금이라도 빨리 이걸 가르쳐주었으면, 인생을 덜 낭비했을 텐데, 하고 후회하고 있다.

기질을 바꿔보니 뭐가 달라지더냐, 라고 묻는다면 신용등급 8등급에 통장에는 단 천만 원도 없던 내가 고전 독서를 통해 법인 기업의 대표가 되었고, 불과 3년 만에 10억이 넘는 돈을 모으게 되었다.

물론 이게 그리 대단한 일이 아니라고 생각하는 사람도 있을 것이다. 더 짧은 시간에, 나보다 훨씬 더 위대한 성취를 거둔 사람도 많으니 말이다. 하지만 나는 고전 독서를 통해 인생이 완전히 바뀌었다고 해도 좋을 만큼, 많은 선물을 받았다고 생각한다. 그리고 내가 썼던 이 방법을 다른 사람도 적용해본다면, 분명 이전과는 다른 삶을 살 수 있을 것이라고 확신한다.

일상의 위대한 혁신을 만들자

혼자가 되어 기존에 가지고 있던, 생각을 표백하고, 고전 독서를 통해 자신의 위대한 자아에게 꿈을 꾸는 삶에 질문을 던지고,

답을 얻는 것. 나는 여기까지만 실천해도 일상에 위대한 혁신이 찾아오리라 믿어 의심치 않는다. 인터넷 서핑으로 쓰는 시간, 중고거래 앱을 들여다보는 시간, 다른 사람의 일상 사진을 들여다보는 시간을 돌려서 여기에 쓰더라도 삶이 달라진다. 그러니 시도해볼 만한 가치가 있지 않은가.

그래도, 이렇게 썼음에도 불구하고 인생을 좀 살아봤다는 독자께서는 이렇게 되물을 것이다. 그건 당신이니까 가능한 것 아니냐. 어디 삶이라는 게 그렇게 말처럼 쉽더냐.

그렇다. **삶은 말처럼 쉽지 않다고 진지하게 믿고 있는 사람에게 삶은 정말 쉽지 않다.** 생각의 굳은살이 박힌 채 과거의 경험에만 의존해서 미래를 두려워하는 자에게 새로운 삶은 찾아오지 않는다. 처음에도 말했지만 이 일에 독자는 패를 걸어야 한다. 자신이 변하고 싶다고 바라는 만큼의 진정성이 필요하다. 원래 서 있던 삶의 자리에서 한 발짝도 움직이지 않고, 팔짱을 낀 채로 싸움 구경을 하는 사람의 위치에서 상황은 아무 것도 바뀌지 않는다.

생각이 진정 바뀐다면 행동은 저절로 바뀌겠지만, 생각을 바꾼 것만으로도 우리 모두는 일단 구원받은 상태다. 지금까지 언급한 내용을 실천에 옮겨, 생각이 구원받는다면 우리의 남은 삶이 설령 지금까지의 삶과 하등 다를 게 없다고 하더라도, 그것 자체만으로도 충분히 보상을 받을 수 있다.

내가 답을 하는 게 불가능한 영역일 수도 있다. 하지만 분명하게 말할 수 있는 것은, 생각이 바뀌게 되면 우리 모두는 위대한 천재이거나, 거룩한 성자이거나 혹은 전례 없는 예술가가 될 수 있다.

그럼 당신은 이 생각을 바꾸고 무엇을 했느냐, 고 묻는다면 나는 이것을 성공의 도구로 삼기로 결심하고 그러한 삶을 살고 있다. 내가 삶에서 원하는 것들을 얻고, 일상에 제약이 없을 만큼의 돈을 벌고, 하고 싶은 일을 마음껏 할 수 있는 비밀이 바로 위대한 생각 끝에 나왔다.

좀 더 쉽게 설명하자면 이렇게 얘기할 수도 있다. 고전 독서를 통해 단련된 생각은 전지전능한 신이다. 고전 독서를 통해 생각이 일정한 경지에 오르게 되면, 독자는 독자의 세상에서 신이 된다. 원하는 것을 마음껏 할 수 있다는 것이다. 세상에 없던 걸 창조할 수도 있고, 만나고 싶은 사람을 불러올 수도 있다. 생각이 명령을 하면, 독자의 세상은 그 위대한 신의 명령에 복종해 독자의 현실을 바꿔놓을 것이다.

<u>이것을 위대한 생각으로 경험과 사물, 그리고 일을 다스린다고 한다.</u>

만약 우리가 매일 경험하는 **사건**의 내용을 어느 정도 통제할 수 있다면, 불행을 겪을 가능성은 줄어들 것이다. 우리가 원하는 집에 살거나 원하는 차를 타거나, 원하는 옷 등 **사물**을 가질 수 있다면 채워지지 않는 욕망 때문에 괴로울 일은 없을 것이다. 마

지막으로 우리가 삶의 의미를 위해 하는 **일**을 통제할 수 있다면, 죽을 때까지 사는 동안 허무를 느낄 새도 없을 것이다.

그런데 이건 보통 사람에겐 불가능한 일이다. 현존하는 최고의 권력자인 대통령도 이렇게 하지는 못한다. 그러나 생각을 바꾼 한 사람은, 자기 자신의 세계 안에서 이 일을 가진 능력치만큼 해낼 수 있게 된다. 자기 자신에게 출중한 능력을 갖춘 신이 된다면, 앞서 언급한 일들이 어렵지 않게 수행될 것이다. 반면, 사유로 단련했으나 자기 세계를 지배할 정도의 능력이 부족하거나, 여전히 무리의 시선의 의식되어 눈치를 본다면, 이런 능력이 제한적으로만 발휘될 것이다.

여기까지가 이 책의 핵심 서론이다. 내 능력으로는 독자의 생각을 바꾸고, 성공의 또 다른 문으로 들어가는 입구를 가리키는 게 고작일 듯하다. 이 기본을 토대로 어떤 방식의 성장을 만들어 나갈지가 독자의 선택이다. 지금부터는 내가 이 능력으로 어떻게 원하는 것을 얻어냈는지, 어떻게 나만의 성공을 만들어냈는지를 설명할 작정이다. 앞서 언급한 것이 기존의 틀에 박힌 성공법과는 다른 공식에 해당한다면, 지금부터는 이러한 공식을 어떻게 내 식대로 적용했는지를 말하는 응용편에 해당한다.

사유 시스템의 혁신
고전 독서를 하면서 사유 훈련을 시작하면 찾아오는 몇 가지 변화가 있다. 첫째는 매일 심심할 틈이 없다는 것. 세상을 움직인 개념들이 머릿속에 들어온 뒤로는 이걸 감당하는 것만도 벅찬 하루하루가 이어진다. 소크라테스가 연설자는 모두 사기꾼이라고 했을 때, 뉴스에 나오는 정치인과 기업가들이 모두 사기를 치고 있는 건지 진지하게 되묻게 된다.

혹시 나와 함께 일하는 동료 중에서 누가 사람을 설득하면서 자기 편으로 만들고 있는지 관찰해보기도 한다. 무엇보다 내가 화두로 삼은 질문에 대해 소크라테스가 답한다면 뭐라고 답할지 시간이 길게 이어진다. 이렇듯 매일 읽은 것들을 생각하고, 소화하면서 사유 시스템이 갖춰지고 움직이게 만드는 것이 입문자가 해야 할 일이다.

물론 평소에 하던 일은 계속해야 한다. 아이들을 학교에 데려다주고, 출근을 하고, 아르바이트를 하거나, 학교에 가는 것과 같은 일상 말이다. 그러는 와중에 휴대폰을 보거나 게임을 하거나, 잡생각을 하는 대신, 이런 화두를 붙들고 **사유**를 하는 것이다. 마음속으로 자기 자신과 화두에 대한 대화를 하고 있노라면 자연스럽게 말이 줄어들고, 혼자 있는 시간이 편해질 것이다. 내가 생각하고 있는데 자꾸 방해를 하는 연락이 오거나, 주위에서 말을 걸면 귀찮고 싫다고 느껴지면 아주 **제대로 가고 있는 것**이다. 그 다음부터는 밤에 술을 마시자는 친구들의 제안이나, 주말에 계획된 가족 모임에 나가는 것조차 꺼리는 지경이 된다. 오직 하고 싶은 것은 책을 읽고 생각하는 것, 그것이 전부인 시간이 한동안 이어진다.

그런데 어라, 내가 이렇게 책에 빠져도 되는가, 온통 생각만 하고 인생이 흘러가도 되는가, 의문이 든다. 내가 이렇게 하기로 결심한 이유는 지금보다 잘 먹고 잘살기 위해서인데, 돈 한 푼 안 나오는 사유를 계속해서 뭐가 바뀌나, 하는 생각이 불쑥 찾아오기도 한다.

그러나 **내 인생의 주인이 된 위대한 생각은 내 일상에 조금씩 끼어들기 시작한다.** 앞서 말한 경험과 사물, 일을 대하는 방식이 조금씩 달라진다. 내 기질이 조금씩 바뀌기 시작하는 것이다. 그 전에는 2~3시간이 걸릴 일이 갑자기 30~40분만에 끝나는 신기한 일이 벌어진다. 청소가 됐든, 직장 일이 됐든, 아니면 가사 일이 됐든, 전보다 에너지를 덜 쓰면서도 일의 효율은 높아지는 단계가 찾아온다. 이 정도로 업무 효율이 좋아지다니, 역시 독서가 좋군, 하고 조금은 뿌듯해지는 시기이기도 하다.

<대학>을 읽으면서는 지금 갈등 관계에 있는 가족 문제를 어떻게 대처해야 할지에 대한 답이 생기고, <플라톤 전집>을 읽으면서 불쑥, 지금 난관에 봉착한 사내 프로젝트를 풀 아이디어가 떠오르기도 한다. 물론 고전 속 내용은 현대의 사건과 직접 관련은 없다. 앞서 언급했듯, 단지 고전에서는 생각의 힘과 개념만을 다룰 뿐이다. 이 생각하는 힘이 세지고 나면 우리가 현대에 맞닥뜨리는 일 대부분이 그보다는 상대적으로 덜 어려워 보이는 효과가 나타난다. 나라를 어떻게 하면 잘 다스릴지를 고민하는 내용을 담은 <성학집요>를 읽고 나면, 우리 회사에서 진행 중인 프

로젝트에서 풀어야 할 숙제가 그보다 쉽다는 걸 깨닫게 된다. 사유 훈련에 대해 잘 모르는 사람들은 이걸 단순히 '그릇이 넓어진다'고 말하기도 하지만, 단지 그릇이 넓어지기만 하는 게 아니라 그릇 자체가 바뀌는 사건이 발생한다. 이 과정에서 기질도 분명 바뀌게 된다.

그러니까 누군가, <대학>을 읽는 것이 대체 지금 회사에서 내 연봉이 오르는 것 하고 무슨 상관이에요, 한다면 이렇게 말할 수 있다.

고전 독서를 통해 힘이 세진 생각이 현실의 문제를 다스리는 원동력이 된다고 말이다.

비유하자면, 위대한 생각이 현실의 먹고사는 문제를 척척 해결하는 것이다. 이렇게 1년, 2년을 보내고 나면 **내 생각이 현실을 다스리는 상태로 접어들게 된다.**

단지 직장 문제뿐 아니라 부동산, 자녀교육, 연애관, 나아가 인생론까지 바뀌게 된다. 물론 그 결과는 생각의 신을 만든 독자가 바라는 바대로다. 부자가 되고 싶다면 사업체를 창업해서 성공할 것이고, 예술가가 되고 싶다면 레오나르도 다빈치처럼 전무후무한 작품을 탄생시킬 수도 있다. 무엇이든 내가 신이 된 상태로 원하는 현실을 생각으로 다스릴 수 있다는 것, 이것이 바로 핵심이다.

- **다시 생각해보자.**

　나는 위대한 생각으로 현실을 바꿀 수 있을까?

　내 생각이 현실을 다스리면 어떤 일이 벌어질까?

제4원리.
진정한 부의 숨은 원리를 간파하라

현실에서 부가 완성되는 방식을 배워서 부의 원리를 간파한다.
이는 방향 없는 자기계발의 병폐에서 벗어나기 위한 방법이다.

• • •

대부분의 사람들이 부자가 되고 싶다고 말한다. 부자가 되는 건 관심 없다고 말하는 사람도 하고 싶은 일을 하면서 살고 싶다고 한다. 그러려면 돈이 필요하다. 그래서 우리는 돈을 벌기 위해 일터에 나가서 하루 종일 일을 한다. 당연히 내가 하고 싶은 일은 할 수 없다. 대개는 나를 고용한 회사가 원하는 일을 해주고 대신 월급을 받는다. 하고 싶은 일로 돈을 버는 사람도 존재하긴 한다. 그러나 이 책을 읽는 독자들 중 다수는 아닐 가능성이 높다. 이제 우리는 사유 훈련을 하기 시작했으니, 그리고 원하는 소망을 이룰 수 있는 거대한 시스템을 갖게 되었으니 질문을 한 번 던져 보자.

그 많은 돈은 누가 벌고 있을까

회사가 번다. 그럼 근로자 대부분은? 월급을 받는다. 회사가 원하는 일을 해주라고 월급 받는 거, 맞다. 그런데 이걸 조금 더 깊이 생각해볼 필요가 있다. 회사가 원하는 일을 해주고 월급을 받는다면, **부자는 내가 아니라 회사가 될 가능성이 높다.** 왜냐하면 회사는 여러 직원에게 회사가 원하는 일을 요구하니 말이다. 세상에 존재하는 모든 회사는 더 많은 돈을 버는 것이 숙명이므로, 회사가 더 많은 돈을 벌어주는 일을 대신 해주는 직원이 많으니 회사는 부자가 되고, 반대로 회사를 부자로 만들어주는 직원들은 부자가 될 가능성이 작다.

회사가 원하는 일을 해주고 있는 한은, 내가 부자가 될 가능성은 매우 작다고 보면 된다. 단순하면서 명쾌한 사실이다. 지금 하는 일이 회사에 소속된 일이라면, 그 일을 하며 행복하건, 불행하건 내가 부자가 되기는 어렵다.

승진을 해서 연봉이 올라가거나, 그 회사의 임원이 되거나, 스톡옵션을 받아서 부자가 되기도 하지 않나? 물론 조직에 충실하게 봉사한 대가로 받는 보상이 큰 경우 일시에 부를 거머쥘 수도 있다. 그런데 나는 지금 원리를 말하고 있는 것이다. 원리라는 것은 경우에 관계없이 모두에게 공통되어 적용되어야 한다. 회사에 헌신함으로써 스톡옵션을 받거나 임원이 되는 것은, 소수에게 해당하는 일이다.

물론 생각 시스템을 이용하면 회사 내에서도 이런 좁은 문을 통과하는 것도 어렵지 않은 일이다. 하지만 기본적으로 회사에 고용된 채로 회사가 원하는 일을 해주면서 부자가 되는 건 가능성이 희박한 일이다.

<u>부자가 되는 문제는 어느 회사에 소속되어 있느냐와는 관련이 없다.</u>

이건 비단 사기업에서 일하는 사람뿐만 아니라 공공기업에서 일하는 사람, 공무원처럼 조직에 소속된 사람도 마찬가지다. 그 이유는 소속과 관계없이 하루에 주어진 대부분의 시간을 조직이 원하는 일에 써야 하기 때문이다. 더 많은 수익을 올리기 위해 내 시간을 쓰는 게 아니라, 조직이 원하는 일에 시간 대부분을 투자해야 한다. 현대 사회에서 시간은 곧 돈에 버금가기 때문에 보통의 회사원은 부를 쌓기 위한 시간을 나에게 유리하게 쓰기 어렵다는 측면에서, 부자가 되기 어려운 것이다.

자꾸 당연한 얘기만 한다고 타박하는 독자도 있을 것 같다. 월급쟁이가 무슨 돈이 있어? 당연히 회사 돈 벌어주느라 회사 다니는 거지, 왜 뻔한 얘기를 해? 이렇게 뭐라고 하시는 얘기가 들린다.

그러나 나는 원리를 먼저 짚고 넘어가고자 한다. 왜 회사에 다니면 회사만 돈 벌어주는지 알아야만, 회사에 계속 돈을 벌어주든지, 내가 직접 돈을 벌든지 할 것 아닌가. 내가 회사를 위하는 일만 한다고 했을 때는 오직 회사에 득이 되는, 즉, 회사만 돈을 버는 행위를 일하는 시간 동안 내내 반복할 수밖에 없기 때문에 회사원은 평생 부자가 되기 어렵다.

　이런 상상을 해본다. 만약 **내가 몸담은 회사의 인사팀에서 AI 업무 평가 시스템을 도입해 오늘 내가 한 일이 회사 매출에 얼마나 유의미한 기여를 했는지 그날 그날 측정될 수 있다면, 그리고 이것이 매달 월급에 즉시 반영된다면 모든 사람이 정말 열심히 일하지 않을까.** 왜냐하면 내가 일하는 시간이 모두 내가 돈을 버는 일로 수렴되기 때문이다. 그러니 앞으로의 인사, 보상시스템을 고민하는 지구상의 모든 기업은 진지하게 AI 업무 평가시스템을 도입해야 할 것이다.

　그럼 이 평가 시스템이 도입될 날만 기다리면서, 회사에 다니는 사람은 퇴사를 해서 자기 사업을 하지 않으면 부자가 될 수 없는 걸까? 임원이 되기 어렵다는 건 확률적인 측면에서 가능성이 적다고 말한 것이지, 불가능하다는 뜻은 아니다. 고전 독시를 충실히 하면, 회사가 원하는 일을 정말 탁월하게 잘해줌으로써 연봉을 높이고, 성과금을 많이 받는 것도 충분히 가능성이 있다.

　공자의 <대학>을 읽으면서 아랫사람이 윗사람을 어떻게 섬겨야 하는지, 그 도의 길을 닦겠다는 결심을 한 사람이 있을 수 있다. 이 사람은 회사를 다니는 궁극적인 목적을 몰랐는데, <대학>을 읽고 조직의 윗사람을 공경하고, 그럼으로써 회사 전체의 발전이 공익에 기여하는 세상을 꿈꾸게 되었다면, 이 사람은 그 조직의 누구보다 빠르게 관리직으로 승진될 가능성이 높다. 자기를 닦아서 타인에게 봉사하겠다는 뜻을 품게 된 사람이라면 그 길은 충분히 선하고 가치 있다고 생각한다. 결과적으로 그가 그 회사의 임원이 되어 스톡옵션이나 연봉을 많이 받았고, 그로 인해 충분히 풍족한 생활을 할 수 있다면 이 또한 성공한 삶이라 할 만하다.

그렇지만, 다시 거듭 말하건대 내가 지금 여기서 말하는 건 **원리**다. 사람이 하루 8시간을 일한다고 하면 그 8시간을 회사를 부자로 만들기 위해 일하는 사람과, 내가 부자가 되기 위해 일하는 사람 중 누가 더 많은 부를 축적할 수 있는가 하는 문제에 답은 정해져 있다.

그러므로 나는 자신을 위해 부를 축적하는 시간, 을 반드시 확보하라고 강조하고 싶다. **회사에 소속되어 일을 하면서도 자신을 위해 부를 축적하는 시간을 만들 수 있다.**

우리가 조직 생활을 통해 경험하는 커뮤니케이션 기술, 회의를 주도하는 방법, 거래처와 협상하는 방법, 회사 자산을 최적화하여 관리하는 방법, 아랫사람을 효과적으로 리드하는 방법 등의 목적이 무엇인가? 더 나은 성과와 결실을 맺는 방법들이다.

<u>이 점을 염두에 둔다면 회사에서 행하는 이 모든 과정을 온전히 내가 부자가 되기 위해 일하는 시간으로 만들 수 있다.</u>

단지 회사에서 맡은 일이니까 잘해야 하니까, 가 아니다. 회사가 이 일을 맡기고, 월급을 주는 이유는 이 일이 회사의 부를 축적하는 기술과 관련된 중요한 일이기 때문이라고 생각하는 것.

이 단순한 생각의 차이가 매우 크다.

실제 그러하기도 하다. 우리가 월급을 받고 하는 일의 대부분은 회사가 그 일이 돈을 버는 데 꼭 필요한 일이라고 생각해서 비용, 즉 월급을 주고 나에게 시킨 일이다. 그렇기 때문에 이 일을 내게 꼭 필요한 것으로 흡수해두면, **내가 나를 위해 부를 쌓는 시간에 반드시 필요한 일이 될 가능성이 높다.**

중요한 것은 지금 하는 일을 바라볼 때 어느 결을 먼저 볼 것이냐이다. 회사가 시킨 일이라서 실수하지 않거나 완성도를 높이겠다는 쪽으로 볼 것인지, 아니면 그 일에 내재된 가치를 나에게 유리한 쪽으로 소화할 지를 결정하는 것은 **단지 생각에 달린 문제**이다.

"저는 지금 당장 퇴사할 생각도 없고 현재의 직업과 직장에 만족해요. 그렇다면 말씀하신 내용을 그대로 흡수해서, 이기적으로 내가 잘 되는 기술로 응용하는 것도 할 수 있을 것 같아요. 그렇다고 하더라도 직장에 다니면서 부자가 될 순 없나요? 예를 들어서 재테크나 부업을 해서 수입을 추가로 만들 수도 있잖아요."

안정된 직장 생활을 포기하면서 사업을 하거나 내가 하고 싶은 일로 돈을 벌겠다는 사람이 많지 않다. 이럴 경우, 직장에 있는 시간에는 조직을 위해 온전히 헌신하되, 퇴근 이후의 시간에는 나를 위해 이기적으로 돈을 벌어줄 분야에 집중해야 한다.

되도록 주업을 하는 시간을 온전히 나를 위해 투자해, 나에게 돈을 벌어줄 일을 하는 게 최선이다. 그렇지만, 많은 사람들이 부업과 재테크를 더 안전하다고 생각하기 때문에 이 부분도 언급하고 넘어가는 것이 좋겠다. 부업으로 돈을 벌려면 무엇부터 해야 할까?

우리 회사는 뭘로 돈을 벌지 사유한다

앞서 회사가 돈을 버는 방식에 대해 설명했다. 회사에 종업원 20명이 있으면, 회사라는 법인은 20명에게 회사가 돈을 버는 일을 하도록 지시한다. 그렇게 20명이 기여한 가치에 대해 회사는 기업가치를 높이고 부가 수익을 낸 다음, 이를 기업의 성장을 위해 재투자하거나 직원들에게 월급으로 차등 보상해준다. 하지만 이 방식은 지극히 불평등한데다가, 이 불평등의 피라미드 꼭대기인 임원의 자리까지 갈 수 있는 확률이 희박하다는 게 문제다.

그래서 사람들은 애초부터 불평등한 구조로 짜인 회사에 인생의 도박을 걸기보다는, 퇴근 이후에 온전히 자유로운 시간에 자신의 이익을 극대화할 수 있는 부업과 재테크에 투자하는 건지도 모르겠다.

여기서 우리가 생각을 집중해야 할 것은, "우리 회사가 어떻게 돈을 벌지?"에 대한 질문이다. 어쩌면 독자가 근무하는 회사는 공기업일수도, 상장 대기업일수도, 개인 기업일 수도 있겠지만 질문은 같다. 도대체 우리 회사는 뭘로 수익을 내는 거지? 월급이나 따박따박 들어오면 사장이 얼마를 벌든, 주주가 얼마를 챙기든, 우리 회사가 어디에서 이익이 나든 알게 뭐야, 관심 없어, 라는 사람도 있을 것이다. 그러나 내 생계를 책임지고 있는 회사가 무슨 일로 돈을 버는지, 회사가 돈을 실제 벌고 있는 건 맞는지를 아는 건 중요하다.

왜냐하면 우리가 부업이든 재테크든 원하는 일로 돈을 벌기 위해서는 **"무엇으로 돈을 버는지"라는 이 대목을 정말 깊게 생각해야, 승리할 수 있기 때문**이다. 대체로 자신의 회사가 무엇으로 돈을 버는지 잘 모르는 사람은, 근무 시간이 끝나서 하는 일에서도 돈을 못 벌 가능성이 높다. 어떤 사업 모델이 어떻게 돈이 벌리는지 모르는 사람이, 자신이 원하는 일을 한다는 것만으로 돈을 벌 수 있는 건 아니다.

그러니, 만약 어떤 일을 부업으로 돈이 되게끔 하려는 사람이나, 퇴근 이후의 재테크로 돈을 벌려는 사람은 먼저 지금 자신이 일하는 회사가 어떤 수익모델을 갖고 있는지, 그것이 어떤 구조로 조직 구성원에게 분배되는지, 회사에서 가장 연봉이 높을 사장은 얼마를 받는지, 그리고 임원은 어떤 일을 하고 연봉을 얼마나 받는지 등을 빠삭할 정도로 알아야 한다. 그렇지 않다면 단순히 "부장님은 연봉이 나보다 높은데 하는 일이 없으니, 차라리 내 일을 하겠다"는 식으로 사업으로 도피할 수 있다. 공부하지 않으면 회사 밖은 위험하다.

부자가 되는 가장 빠른 방법

일찍이 부자가 된 사람들은 부의 속도를 증가하는 비밀을 한 마디로 정리했다. 그것은 **바로 내가 자고 있을 때도 돈이 벌리고 있지 않으면 부자가 될 수 없다, 이다**. 정확히 이것은 나를 고용한 회사가 일하는 방식과 같다.

여기서는 비유하기 쉽게 회사의 지분을 전부 소유한 개인사업체의 사장을 예로 들자. 사장은 일을 전혀 하지 않더라도, 돈을 벌 수 있다. 왜냐하면 직원들이 일을 다 해주기 때문이다. 만약 그 회사가 야간에 업무를 처리해야 할 상황이 생기더라도, 이 사장은 회사에 호출되어 나와 일하지 않는다. 그 일에 당번인 직원이 야간 근무를 서기 때문이다. 그래서 사장은 자기 집에서 두 다리 뻗고 잠을 잔다. 그는 자고 있을 때도 돈을 벌기 때문에 부자가 될 확률이 높다.

사람은 누구나 육체의 한계가 있다. 퇴근을 한 뒤 대리운전을 하거나 배달 일을 해서 짧은 시간 내에 최대한 많은 건수를 맡아서 가외 수입을 만든다고 해도, 노동을 해서 버는 돈은 한계가 있다. 그럼 보통 사람이 자고 있을 때도 돈을 버는 방법은 무엇이 있을까? 나는 그 방법을 크게 두 가지로 본다.

첫째, 주식에 투자하는 것이다.

앞서 내가 일하는 회사가 무엇으로 돈을 버는지 알면 돈을 벌 확률이 높다고 말했다. 이것은 가치의 경쟁력을 파악해서 내 사업을 하거나 다른 일을 할 때 유용하다는 뜻이자, 투자를 할 때 유용하다는 뜻이기도 하다. 회사가 내가 잠을 자고 있을 때도 돈을 버는 조직이라면, 내가 회사에 돈을 투자하면 내 돈 역시 내가 잠을 자고 있을 때 내가 투자한 회사와 함께 돈을 벌 것 아닌가. 이것이 바로 돈이 일하게 만드는 방법이다.

주식투자는 국내 주식에 투자하든 해외 주식에 투자하든 내가 사고 있을 때도 일하게 한다는 원리에서 차이가 없다. 다만 내 경우는 가장 매출이 높은 1등 기업에 투자한다는 원칙을 갖고 있는데, 이 기준으로 보면 지구에서 가장 매출이 높은 기업은 대부분 미국 기업이라서 미국 주식에 투자를 하고 있다. 2021년 4월 현재 지구에서 가장 매출이 높은 기업은 애플이다. 그래서 나는 재산의 상당 부분을 애플 주식에 투자하고 있다.

애플은 세계 1위 기업이기 때문에 세상에서 가장 똑똑한 사람이 모여 있을 테고, 그렇다면 이들이 밤잠을 설치면서 헌신하는 한, 즉 애플이 1위라는 자리를 계속 고수하는 한 내 투자금은 매년 일정한 수익률로 돌아올 것이다.

여기서 중요한 것 하나는 주식을 절대 사고 파는 매매를 하지 않는다는 것이다.

내가 잠을 자는 동안 돈을 벌게 만들려면, **그 회사가 돈을 벌 시간을 기다려주어야 한다**. 어떤 회사가 단 2~3개월 만에 매출을 20~30%로 늘어나는 경우는 극히 드물다. 대개는 최소 분기, 그러니까 3개월 단위로 성과가 평가되며, 그 회사의 가치가 올라갔느냐, 내려갔느냐는 측면에서 보면 3개월도 짧다. 최소한 1년, 더 나아가서는 2~3년 단위로 이 회사의 움직임을 지켜봐야 한다.

그런데 내가 주식을 샀다가 하루 이틀만에 팔고, 주가가 떨어지면 또 다시 주식을 사서 일주일 뒤에 파는 식의 행위를 반복한다면 어떨까. 마치 애플이 2~3일 만에 사업을 해서 수익이 나기를, 또는 단 일주일 만에 성장하기를 재촉하는 것과 같다. 이것은 내가 자는 동안에도 기업이 성장하기를 기다리는 것과는 거리가 멀다. 상추를 심었는데 상추가 자라기도 전에 빨리 먹고 싶어서 뽑는 사람은 없는 것처럼, 기업의 결실인 기업가치 상승을 통해 주가 상승이라는 결실을 얻으려면, 매달 적금을 붓듯 꾸준하게 해당 회사에 투자한다는 생각으로 주식을 매입하고, 이를 보유하고 있는 게 낫다.

만약 애플의 CEO인 팀 쿡과 그의 동료들이 이후에 사업을 잘못한 결과로 애플이 세계1위 기업에서 2위로 내려앉는다면 어떻게 될까? 그때는 내 돈도 전부 빼서 1위를 탈환한 기업에게 다시 투자되어야 한다. 이런 일이 빈번하게 일어나지는 않지만 간혹 일어나는 일이다. 나는 아마존이 정말 좋은데, 테슬라도 정말 좋은데 나눠서 투자하면 안 되나요? 묻는 분들도 있지만 전업 투자자가 아니라면 냉정해질 필요가 있다. 기업의 성장은 외부 경제 환경이라는 변수에 항상 영향을 받기 때문에 1등이 아니라면 나머지 기업의 순위는, 이런 변수에 따라 엎치락뒤치락할 것이고 그에 따라 내 돈도 수익률에 빨간 불이 켜졌다, 파란 불이 켜졌다 할 것이다. 기업에 투자할 때는 감정을 집어넣어선 안 된다.

만약 내 월급이 300만 원인데, 거기서 10%인 30만 원을 매달 투자할 생각이라면, 그리고 본업이 바빠 매일 기업분석을 하면서 시간을 투자하기 어렵다면, 기대 수익율은 연간 10%이다. 적다고 생각하는 분들도 있을 것 같다. 복잡하게 머리 쓸 생각하지 않고 단지 돈을 넣는 것만으로 매년 10%의 수익이 안정적으로 얻어진다면, 아마 수많은 투자회사들이 눈에 불을 켜고 달려들 것이다.

그러나 실제 주식 투자를 해본 사람은 알겠지만, 이 정도의 수익을 꾸준히 얻는 것은 결코 쉬운 일이 아니다. 어쩌다 한 번 30~40%의 수익을 얻는 일은 가능하다. 그러나 매년 30~40%씩, 수년 간 수익을 내는 것은 보통 사람은 불가능하다. 차라리 매년 10%라는 수치를 매년 번다고 생각하고, 세계 1위 기업에 투자하면 마음이 편하다. 적금을 붓듯 투자를 하면 복리의 마법을 통해 수년 뒤 수배의 수익으로 돌아올 것이다.

매달 30만 원씩 투자해서 언제 부자가 될까? 연간 수익률이 10%라고 해도, 10년이면 복리로 계산해도 6천만 원이 채 안 된다. 물가 상승률을 감안했을 때 이 정도를 갖고 재테크를 했다고 말하기는 곤란하다. 고작 전세보증금을 보태는 정도에 불과한 돈이다.

<u>대부분의 낮시간을 회사에 투자하고, 회사가 요구한 일을 하면서 급여를 받으면 부자가 되기 어렵다.</u>

독자께서 자고 있을 때도 일하는 기업에 투자하고, 거기에 따른 결실을 얻고자 할 때 10년이라는 시간을 투자해서 인생이 바뀔 정도가 되려면, 매달 투자하는 액수가 달라져야 한다. 월급을 받고 있는 한은, 월급을 다 털어넣지 않는 한 투자로 부자가 되기는 어렵다. 매달 버는 돈이 달라져야 하고, 그러려면 회사를 그만두고 사업을 해야 한다.

대부분은 이 사실을 직감적으로 알기 때문에 주식을 사고파는 차익을 얻는 횟수를 늘려서 단기간에 수익을 올리고자 한다. 그러나 주사위를 던져 승률을 따지는 게임에서 이길 확률은 턱없이 낮다. 잠깐은 돈을 벌 수 있겠지만, 주사위를 던지는 횟수가 늘어날수록 계좌 잔고는 점점 녹아 없어질 것이다.

부동산 투자는 어떨까? 서울의 아파트값은 그동안 단기간에도 물가상승률보다 높게 상승해왔으니 말이다. 집은 가격이 억 단위기 때문에, 1년에 8%만 올라도 6억짜리 집은 6억 4800만원이 된다. 집 대출을 받은 은행에 내는 이자 비용을 제한다고 하더라도 1년에 버는 재테크로는 주식보다 수익률이 수익률이 쏠쏠해보인다. 또한 아파트는 내가 들어가서 사는 동안 오르기 때문에, 주거비용을 대신하면서 시간을 투자해서 돈도 버는 수단이기도 하다. 그렇기 때문에 많은 한국인들이 부동산 재테크를 좋아하는 것 같다.

이것은 부동산 투자를 통해 집값이 계속 오른다는 가정 하에는 옳다. 수도권 아파트의 수요가 항상 공급보다 많고, 그럼으로 인해 전세가 희귀해진다면 집값은 매년 오를 것이다. 수도권 아파트값이 매년 오를지에 대한 전문가들의 의견은 갈리지만, 우리는 이 책에서 원리를 말하고 있으므로 시세가 아닌 부동산 투자 원리에 대해 살펴보자.

올바른 투자 수단은, 내가 자고 있는 동안에도 돈을 벌어주어야 한다. 그런 점에서 부동산 투자는 정말 말 그대로 내가 집에서 자고 있는 동안에도 돈을 벌어주는 것 같다. 그러나 정말 그럴까? 집은 생산수단이 아니라 기본적으로 소비재이다. 자동차와 마찬가지로, 일단 집은 소유하는 순간 감가상각이 이뤄지며 보유하고 있는 동안 무언가를 생산해서 가치를 높이지는 않는다. 매수 심리가 강해서 시장 몸값이 뛰는 경우를 제외하면, 집은 보유하면서 가치가 계속 떨어지는 것이 자연스럽다. 물론 땅값이 매년 오르기 때문에 그 집의 가치 또한 물가상승률만큼 오르긴 한다. 하지만 우리가 아파트에 살 때는 땅을 보고 사는 게 아니라 집에 산다. 그 집의 가치가 어떠하느냐의 측면에서 보면 아파트의 기대수명은 보통 20년이다. 콘트리트의 수명은 100년이지만 아파트라는 편의성을 갖춘 집단 건축물의 시장 가치는 20년이면 끝난다. 그 이후에는 재건축을 하든가, 리모델링을 하며 살든가 해야 한다.

만약 독자께서 10년 넘은 아파트를 매입한다고 했을 때, 그 집으로 재테크를 하려면 방법은 딱 하나다. 아파트값이 올랐다고 생각하면 즉시 파는 것이다. 그 집의 시장 가치가 떨어지기 전에 오른 값에 사줄 매수인을 구해서 차익을 남기는 것이 부동산으로 돈을 버는 방법이다. 아파트 매입 수요가 언제 꺾일지는 알 수 없지만, 어쨌든 아직 많은 사람들이 원하고 있으므로 그동안에는 여러 번 사고팔면서 차액을 남기는 방식으로 돈을 버는 것이다. 이것은 주식으로 말하자면 단타 매매를 반복하는 것과 같다.

그렇지만 부동산은 주식처럼 회사가 상품이나 서비스를 팔아서 돈을 벌고, 그럼으로써 내가 투자한 상품의 가치가 올라가는 재테크 분야가 아니다. 즉, 길게 보유하고 있으면 득이 될 것이 별로 없다. 그렇기 때문에 주식처럼 복리를 기대할 수 없으며, 장기적 투자를 통해 이익을 극대화하는, 내가 잠을 자는 동안에 계속 돈을 벌어줄 투자로 보기에 적합하지 않다는 게 내 생각이다.

우리는 생각으로 투자 상품을 다스리는 한 가지 방식을 살펴봤다. 나는 앞서 고전 독서를 통해 사유 시스템을 움직이게 하라고 말했고, 이를 통해서 내가 소망하는 일의 결과를 만들 수 있다고 썼다.

내가 방금 언급한 투자의 방식은, 고전 독서를 통해 투자란 무엇인가, 에 대해 스스로 질문을 거듭 던진 결과로 나온 사유의 흐름이다.

내 생각의 결과일 뿐 모든 사람에게 정답은 아니다. 그러나 독자께서 방금 내 말에 설득되었다면, 내 사유시스템의 힘에 다스려진 것이다. 그러나 나는 되묻고 싶다. 독자의 사유 시스템을 통해 재테크라는 분야를 다스리게 된다면, 어떤 투자 방식이 만들어질까? 독자가 만약 부자가 되겠다고 한다면, 이 사유 시스템을 통해서 주식과 부동산 투자에 대해 본질을 꿰뚫을 때까지 다음과 같은 질문을 던져보면 된다.

<u>투자란 무엇일까? 돈을 벌어주는 재테크는 무엇일까? 왜 이 투자 방식이 옳은 걸까? 왜 부동산이 아닌 주식에 투자해야 할까. 주식이 아니라 부동산 경매 투자는 안 되는 걸까?</u> 부동산 경매

<u>투자로 돈을 버는 건 불가능할까? 나는 꼭 투자와 재테크를 해야 할까? 재테크를 하지 않고도 돈을 버는 방법은 없을까?</u>

이런 질문들을 사유 시스템에 넣고 돌리면, 독자께서 원하는 답을 반드시 발견할 수 있을 것이다. 기억하자. 이 책에서 정답을 찾으려고 하면 안 된다. 독자가 원하는 답을 찾고, 이것이 옳았음을 증명할 수 있을 만큼 깊이 생각하는 것이 바로 문제를 푸는 열쇠이다.

독자가 간절히 원하는 수익, 즉 얼마를 투자해서 얼마를 벌 것이냐 하는 결과는, 이 사유의 결과가 나온다면 그 이후에 자연스럽게 만들어질 것이다.

두 번째, 플랫폼 수익에 도전하라

앞에서 자고 있을 동안에도 돈을 버는 곳은 회사라고 말했다. 내가 그 회사에서 일해서 받는 월급으로, 역으로 돈을 버는 회사에 투자하면 그 결실을 얻을 수 있다고 말이다. 그리고 이렇게 누적된 복리 수익을 10년 이상 지속하면 최소한 은퇴한 이후에는 가난을 면할 수 있다. 그러나 그건 미래에 대한 현명한 준비이지 부자가 되는 길은 아니다. 앞서 말한 원리가 제대로 작동되게 하려면, 그래서 은퇴한 이후에 마치 연금처럼 지금 회사에서 받는 월급 이상을 스스로에게 선물하려면, **최소한 매달 월급에 준하는 돈을 투자할 수 있어야 한다.**

2021년 기준 최저시급으로 계산해보면 대략 월 250만원 남짓한 돈이 되겠다. 지금 대한민국 성인 중에서 매달 200만원 이상을 주식에 투자할 수 있는 사람은 많지 않을 것 같다. 이 정도의 생활비를 최저 생계비로 본다면, 월 400만원 이상을 실수령액으로 받는 사람이어야 할 텐데, 아마 중견기업이나 대기업에 다니지 않는 한 현실적으로 어려운 수치일 수 있다.

주식으로 복리 수익을 흠뻑 누려서 나중에 여유 있게 놀고먹으려면, 한 달 월급 정도가 매달 투자되어야 한다. 그러니 월급만으로 투자하는 건 권하고 싶지 않은 방법이다. 월급을 쪼개서 주식투자를 한다는 건 비상금이자 여윳돈이지 절대 내 생활비와 목돈을 대체할 수 없다. 그러니 좋든 싫든, 만약 직장을 포기하고 싶지 않다면 부업 내지는 가외수입에 해당하는 사업을 벌여야만 한다.

앞서 내가 자고 있는 동안 돈이 들어오게 만들어야 부자가 된다고 했다. 그리고 우리는 자는 동안 돈을 버는 곳으로 회사를 꼽았다. 회사는 자거나 쉬지 않고 돌아간다. 예를 들면 새벽배송으로 유명한 쿠팡은 24시간 동안 운영되는 기업이다. 사람들이 언제, 어디서 물건을 주문해도 다음 날 새벽이면 집 앞에 내가 주문한 상품을 배달해준다. 이렇게 시간과 장소에 개의치 않고 매출이 발생하는 기업이 바로 플랫폼 기업의 특징이다.

'플랫폼 기업'은 생산자와 소비자를 연결해주는 거점이란 뜻으로, **쉽게 말해 상품이나 서비스의 수요와 공급이 실시간으로 만나는 공간**이라고 보면 된다. 많은 사람들이 자주 보는 유튜브 역시 유용한 영상을 보려는 구독자(수요자)와 이에 대해 영상을 제공하고 그 대가로 광고비의 일부를 수익으로 받는 유튜버(공급자)가 실시간으로 만나는 플랫폼이다. 그런데 이 플랫폼이 꼭 기업만 해당되는 건 아니다.

내가 쿠팡 같은 기업이라고 한 번 생각해보자. 만약 내가 자고 있을 때도 실시간으로 물건 주문이 들어오거나 광고비가 입금된다는 행복한 상상을 해보자. 그럼 나는 순식간에 부자가 될 것이다. 실현 가능성은 둘째치고 이렇게 돈이 벌려서 기업처럼 된다면, 분명히 빠른 시간 내에 부자가 될 수 있다. 마치 내가 자고 있을 때도 주가가 오르는 주식처럼 말이다.

독자께서 직장에서 퇴근해서 부업으로 어떤 수익 사업을 선택하려 할 때는 이 특징을 반드시 염두에 두어야 한다.

처음 사업을 시작한 두 사람

여기 퇴근 이후에 부업을 하려는 A와 B가 있다고 하자. A는 대리운전을 해서 하루에 3건을 하고, 건당 수수료 5만원을 받는다. 그럼 A의 부수입은 15만원이 된다. A는 시간을 아무리 쪼개도 잠을 자야 다음날 출근할 수 있으니 하루에 최대한 할 수 있는 대리운전 건수가 3건이다. 매일 몸이 건강하거나 운전할 수 있을 정도로 컨디션이 좋다는 전제 하에서. 만약 몸이 아프거나 폭설이 내려서 대리운전 일을 못하면 수입은 발생하지 않는다.

반면 B는 평소에 옷을 좋아해서 퇴근하고 쇼핑몰을 운영하는데, 자신이 동대문에서 주문해서 만든 티셔츠를 꾸준히 업데이트하고, 주문 건에 대해 포장 발송을 하거나, 새로운 상품이 입고 되면 촬영되는 등의 일을 한다. B는 처음에는 수입이 거의 없다. 아무도 B의 상품을 온라인에서 발견할 수 없기 때문이다. 그동안 A는 대리운전을 꾸준히 해서 돈을 벌고 있다. 그런데 쿠팡에 옷을 올려놓은 B의 상품이 꾸준히 늘자 상품이 판매되기 시작한다. 처음에는 1~2건에 불과하던 것이, 시간이 지나자 상품을 업데이트하지 않아도 하루 10건 이상 꾸준히 판매가 되었다. B는 가끔 몸이 아프거나 퇴근 이후에 가족과 시간을 보내고 싶을 때는, 택배 상품만 발송해두고 상품을 업데이트하지 않는다. 그래도 매일 주문이 들어온다.

이렇게 몇 개월이 지난 후에는 A와 B의 상황은 역전될 수 있다. 즉, A는 매일 고정된 수입이 발생하지만 B는 일을 하지 않아도 수익이 발생하는 것이다. A와 B가 퇴근 이후 일하는 시간이 같다고 할 때. 이러한 차이를 만드는 요소는 단 하나뿐이다. 바로 플랫폼을 이용하느냐 마느냐의 차이다. 플랫폼은 수익을 극대화할 수 있는 매우 중요한 요소이니 절대 무시하면 안 된다.

나는 몸으로 하는 일이 편하다거나 컴퓨터로 하는 일은 낯설다, SNS를 하지 않아서 잘 못한다, 는 이유로 간과하기엔 이 플랫폼 시장은 무한대의 가능성을 갖기 때문에 반드시 탐구해서 내 것으로 만들어야 한다.

어떤 기업의 가치 있는 주식을 고를 때는, 일상생활 속의 변화를 보라고 한다. 주말에 아파트 단지 주변에 자전거를 타는 사람이 점점 많아지고, 어디를 가도 자전거 타는 사람들이 눈에 자주 띈다면 자전거 관련 회사의 주식을 사는 식이다. 마찬가지로 우리가 수입 아이템을 정할 때는 일상의 변화를 잘 파악해야 한다. 코로나로 인해 대면 활동이 축소되고 재택근무가 일상화된 지금, 우리의 24시간을 지배하는 것은 무엇인가?

휴대폰이다.

사람들은 하루종일 휴대폰을 들여다보면서 무엇을 할까? 영상을 보거나, 온라인 쇼핑을 하거나, 지인들과 메신저를 주고 받는다. 여기에 플랫폼 기업들이 끼어든다. 사람들이 영상을 볼 때는 유튜브에 접속하고, 쇼핑을 할 때는 쿠팡으로 간다. 메신저를 주고 받을 때는 카카오톡을 쓴다. 방금 언급한 기업들이 모두 플랫폼 기업이다. 이들 기업은 사람들이 24시간 접속해서 물건을 사거나 영상을 보거나, 대화를 나누는 곳이기 때문에 24시간 돈을 버는 기업이라고 볼 수 있다. 그렇다면 내가 플랫폼이 된다는 것은 **바로 이런 플랫폼을 활용해 수익 활동을 하는 것**을 뜻한다. 앞서 B의 경우 쿠팡이라는 플랫폼을 활용해 24시간 동안 자신의 상품이 노출되도록 해서 수익을 계속 발생시킨 것이다.

플랫폼에서 매 순간 수요와 공급이 만난다는 건 무슨 뜻일까. 백화점도 영업시간이 있고, 회사도 퇴근 시간 이후에는 문을 닫고, 도서관도 밤에는 문을 안 여는데 오직 플랫폼 기업만이 24시간 동안 불이 꺼지지 않고 영업을 한다. 만약 내가 퇴근하고 저녁에 주점을 운영하고 있는데, 자정이 지나고 새벽이 되어도 손님이 몰려들고, 아침이 되어 해가 중천에 떠도 사람들이 계속 몰려든다면, 어떨까? 엄청난 사건이다. 그렇게 되면 이참에 다니기 싫은 회사에 사표를 던지고 가게 일만 해도 큰돈을 벌 것이다. **현실**

에서 이런 일이 지금 일어나고 있다. 쿠팡에서 24시간 판매와 배송이 이뤄지고 있는 것이 바로 그 증거이다.

쿠팡은 최근 뉴욕 증시에 상장했지만, 상장 전에는 상당 기간 적자를 면치 못했다. 플랫폼 기업은 판매자와 소비자를 24시간 만나게 하고, 이 시스템을 구축하느라 초기 투자 비용이 적잖게 들어가기 때문에 처음부터 수익을 만들기는 어렵다. 모든 플랫폼 기업이 인프라 구축 초기에는 이처럼 적자 상태를 한동안 이어간다. 그러나 이 플랫폼에서 판매를 하는 판매자들은 **처음부터 부자가 될 가능성**이 있다. 왜냐하면 플랫폼이 깐 멍석 위에서 판매만 잘하면 되기 때문이다. 비유하자면 거인의 어깨에 올라타서 높은 가지에 있는 열매를 따는 셈이다.

플랫폼 기업은 왜 이렇게 적자가 나는 일에 목숨을 거는 걸까? 처음부터 돈을 버는 것도 아니고, 지속적인 투자와 상장이 이뤄지는 수년 후에나 손익분기점이 올 텐데 말이다. 그들은 멀리 보고 더 큰 수익을 노리기 때문이다.

앞서 언급한 B의 사례처럼, 쿠팡도 처음 인프라를 구축하는 데 들어가는 비용을 일종의 투자로 본다. B가 처음 동대문에서 물건을 주문해서 상품을 쿠팡에 업데이트하는 동안 수익이 전혀 없었듯 말이다. 그러나 플랫폼 기업은 인프라가 구축되고, 플랫폼을 통해 판매자와 소비자의 거래를 점점 더 많이 중개하게 되면 매출은 늘어나고, 사업 비용은 점차 줄어든다. 그리고 마침내 손익분기점을 넘어선 이후에는 엄청난 투자와 노력을 하지 않아도, 돈이 자연스럽게 벌린다. 알아서 벌린다고 표현해도 되고, 쉽게 벌린다고 해도 과장은 아니다. 마치 B가 쿠팡에 일정한 개수의 상품을 업데이트한 뒤, 새로 업데이트를 하지 않더라도 기존에 업데이트한 상품이 소비자에게 검색되어 상품이 팔리는 것처럼 말이다. 즉, 우리가 엄청난 일이라고 표현했던 바로 그 일, 24시간 동안 손님이 몰려오는 일이 발생한다.

이것을 나는 트래픽이 무한정으로 발생한다, 라고 표현한다.

다시 생각해보자.

24시간 트래픽이 발생하는 업종은 무엇이 있을까?
그 트래픽이 발생하는 이유는 무엇일까?
내가 그 트래픽이 발생하는 업종을 시도할 수는 없을까?

더 큰생각이
작은 생각을 다스린다.

다스림의 원리

제5원리.
플랫폼의 비밀을 파헤쳐라.

24시간 돈이 벌리는 곳의 원리를 배운다. 이를 통해
플랫폼 기업의 어깨어 올라타는 법을 깨우친다.

• • •

　이미 막힌 부의 추월차선 너머, 성공의 기회를 찾기 위해서는 상상력이 필요하다. 우리는 보이는 것에만 한계를 두는 성향이 있다. 눈에 보이는 것은 확실하고, 변함이 없고, 그래서 보이는 것을 토대로 가치 판단을 한다.

　지금까지는 그래도 됐다. 왜냐하면 디지털이 정보와 기회를 평준화하기 전까지는, 교육과 산업을 비롯한 사회 영역에서 독점 내지는 과점이 있었기 때문이다. 쉽게 말해서 정보를 손에 먼저 쥔 자가 운이 좋게 어떤 분야를 선점하면, 그가 빠른 속도로 진입장벽을 높이며 그 영역을 과점 내지는 독점할 수 있었다. 하지만 손안의 모바일이 세상을 바꾼 이후, 상황은 급속히 변하고 있다. 우리가 익히 쓰는 앱들, 예컨대 배달의 민족이나 쿠팡, 마켓컬리 등을 만든 기술 기업들은 정보와 기술의 불균형으로 인해 기울어진 운동장에 들어가 틈새를 장악하고 있다. 그래서 세탁과 배달, 헬스와 여행까지 기존에 소수가 독과점했던 시장의 벽이 조금씩 무너지고, 기술 우위로 생태계를 비집고 들어가 돈을 벌 때까지 '버티기'를 하다가 시장을 잠식하는 회사들이 생겼다.

누가 봐도 저건 비효율적이라서, 쉽게 말해 IT 기술로 조금 더 효율적으로 개선하면 편리하겠다, 싶은 분야들은 거의 모든 분야에서 이러한 테크 기업들이 밀고 들어가는 중이라고 해도 과언은 아니다.

내가 보기에 아직까지 코딩 기술로 AI가 점령하지 못하는 분야는 사람이 직접 서비스하는, 예컨대 의사나 변호사, 간호조무사 같은 대면이 필수적인 직업군 외에는 거의 없는 것 같다. 그리고 로봇이 길거리를 활보하는 날이 오면 이들 업종 또한 로봇에게 내줄 가능성이 높아 보인다. 그러니 정보의 독과점으로 지식의 전문화 또는 고도화로 경쟁 우위를 확보할 수 있었던 시대와 비교하면 이제는 어떤 사업을 할지 기준이 바뀌었다.

부모들은 앞으로 직업의 세계에 진출하게 될 청소년들이 적어도 유망 직군이라는 이유로 의사와 변호사를 선택하는 것만은 막아야 한다. 이건 전문직이니 괜찮지 않을까, 라는 막연한 추론으로 진로를 선택하는 것이 시장에서 더 이상 통하지 않는다. 단순히 AI가 직업을 점령할 테니 기계가 못하는 분야를 선택하라, 는 식으로 단순화하기엔 조금 더 깊이 살펴봐야 할 문제다.

시장의 패턴을 읽어라

이렇게 설명해보겠다. 지금까지 모두가 좋아하거나 선망하는 분야는 아무나 할 수 없었다. 의사는 아무나 할 수 있는 직업이 아니고, 회사도 아무도 차릴 수 없었다. 공무원은 어려운 시험을 통과해서 합격하면 평생직업이 보장되었다. 그런데 지금은 이러한 통념의 기준이, 기술로 인해 무너졌다. 이제 부업과 창업은 직장 다니면서도 할 수 있는 가능성의 영역으로 바뀌었고, 의사나 변호사와 같은 전문직도 집 앞에 편의점을 차리듯 쉽게 사무실을 개업할 수 있는 시대다.

일자리가 많아서 졸업하면 어디든 받아주는 직장이 있던 시대와 달리, 이제는 누구나 '사장님' 소리를 들으면서 자기 사업을 하려고 든다. 수많은 가게들이 생긴 지 1년이 되지 않아 문을 닫는 현실에도 불구하고, 자영업자의 폭발적 증가를 어떻게 설명할 것인가.

한정된 시장 파이를 두고 경쟁하듯 광고하는 현실에서, 이들은 예전처럼 '님'자 소리를 들으며 선망받고 존경받는 직업으로 통하지 않는다. 전문직도 개업하면 손발 걷어부치고 영업을 뛰는 것이 현실이다. 공무원은 어떤가. 출생률 저하와 고령화로 인해 인구수 대비 공무원은 줄어들 것이고, 이는 취업의 문이 점점 좁아진다는 걸 뜻한다.

나는 이것을 시장의 수요 패턴이 점점 다양해지는 신호로 포착한다. 직업인이 배출되는 것을 공급으로, 이 직업인을 필요로 하는 쪽을 수요로 본다면 지금은 수요보다 공급이 훨씬 더 많아

졌으며, 소비자의 선택의 폭이 넓어졌고, 그에 따라서 전문직 역시 자신을 특별한 위치로 포지셔닝하지 않으면 안 되게 되었다. 예컨대 변호사의 경우도, 교통사고 전문 변호사가 있는가 하면 이혼 전문 변호사가 있고, 병원의 경우도 특정 시술을 전문화하는 병원이 등장하게 된 것이다.

전문직군 중에서도 다품종 소량 소비 시대에 자신을 특화시키는 방법을 아는 보기 드문 케이스이다. 시장에서는 여전히 이러한 차별화를 만들지 못해서 공급 포화의 시장에서 산소 부족으로 숨을 거두고 있는 사업자들이 더 많다.

그러니, 플랫폼을 활용해 돈을 벌려고 하는 우리는 패턴을 잘 읽어야 한다. 그리고 패턴을 읽었으면, 이것이 반복되는 하나의 패턴일 뿐임을 아는 것이 중요하다. 지금 한의학과를 나오면 단박에 자리를 잡는 한의사가 되는 게 아니다. 그것은 과거의 패턴이다. 로스쿨을 졸업하면 억대 연봉의 변호사로 누구나 대우받는 시대는 가버렸다. 특별한 전공이라고 생각했던 분야를 떠올려보라. 항공정비는 아무나 할 수 있는 기술이 아니지만, 졸업 후 유망 항공사 취업을 준비하는 기존의 취업 패턴을 따른다면, 요즘 같은 코로나 팬더믹 시대에는 손가락 빨면서 모니터를 보며 채용공고가 뜨길 기다려야 한다.

패턴은 패턴일 뿐이다. 그리고 패턴은 금방 바뀐다.

만약 어떤 사람이 옷을 만들고 싶어서 의상학과를 졸업했다면, 온라인 쇼핑몰을 하는 것은 패턴을 재확인하는 것일 따름이다. 그 자체만으로 성공의 가능성은 없다. 패턴을 읽은 뒤에는 패턴을 깰 준비를 해야 한다. 패션디자인을 전공했다면, 현재 시장에서 무한대로 쏟아져나오는 중고 의류들과 대기업들이 자금력으로 집어삼키는 패션 플랫폼의 수만 가지 상품 중 패턴을 깰 만한 지점을 짚어내야 한다.

예컨대 양말에 브랜드를 입혀보는 건 어떨까. 지금 양말 전문 브랜드는 없으니 말이다. 독특한 모자디자인을 전문으로 하는 쇼핑몰을 열어보는 건 어떨까. 여성복을 전공했으니까, 블라우스와 스커트를 디자인하겠다, 보다는 말이다. 남다른 예술적 감각을 타고나서 디자인으로 차별화할 수 있는 극소수를 제외하고, 패션디자인을 전공한 나머지들은 패턴의 홍수 속에서 살아남으려면 패턴을 깨는 것만이 유일한 방법이다.

물론 그보다 좋은 것은, **애초에 패턴을 따르지 않는 것이다.** 옷이 좋다고 해서 무조건 패션디자인을 전공하는 패턴을 따르지 않는 것이다.

한 번 생각해보자. **옷을 좋다고 해서 꼭 패션디자인을 전공해야 할 필요가 있을까.** 혹시 환경학을 선택한 다음, 환경 분야에서 패셔너블한 아이템을 찾아볼 수도 있지 않을까. 친환경은 의미 있지만 힙하지는 않다고 생각되는 요즘 말이다. 친환경이라는 개념 자체를 힙하게 만드는 '디자인'을 하는 것도 일종의 패션디자인 아닐까. 기존에 없던 패셔너블한 개념을 탑재한 환경학도가,

환경학 전공자라면 꼭 NGO에 취업해야 한다는 패턴을 따르는 학생보다 직업 선택이 폭넓다는 건 자명한 일이다.

패턴을 따르지 않는 자영업의 특징

퇴사를 하고 자영업을 한다고 생각해보자. 패턴을 따르게 되면 취업박람회를 돌면서 평소 익숙하게 눈여겨봤던 아이템을 염두에 둘 것이다. 그리고 몇 개의 프랜차이즈를 후보군으로 압축한 다음, 현재 가진 예산으로, 창업할 수 있는 브랜드를 선택할 것이다. 그 다음 가게 입지를 고를 것이고, 시장 분석을 한 다음 영업 전략을 짤 것이다. 가게를 오픈한 뒤 전단지를 돌리거나 이벤트를 할 것이고, 가게가 어느 정도 알려진 다음 성실하게 장사를 하기만 하면 자리를 잡을 것이라고 생각할 것이다.

그러나, 이것은 패턴이다. 모두가 이렇게 하고 있다. 다품종 소량 생산의 시대, 고객에게 선택권이 무한한 상황에서 패턴은 깨거나 아예 패턴을 따르지 않아야 생존할 수 있다.

음식점을 열었다면 가게를 오픈한 다음, 배달 시식회를 하는 건 어떨까. 전단지를 돌리고 고객을 오게 하지 말고, 맛보기 음식을 조금씩 포장해 집집마다 배달해주는 것이다. 이것은 패턴을 비트는 것이다.

아예 가게를 임대하지 않고 배달 전문점을 창업하는 건 어떨까. 집에서 온라인으로만 팔아보는 건 어떨까. 이런 발상은 패턴을 따르지 않으려 하는 것이다.

패턴을 비틀든, 패턴을 따르든 중요한 것은 **눈에 보이는 현상**

을 그대로 따라 하지 않는 것이 포인트이다. 왜냐하면 눈에 보이는 것들 사이에서 눈에 안 보이는 결과를 만들어내야만, 눈에 보이는 것들을 신속하게, 무섭게 재편하는 거대 기업들과의 경쟁에서 이길 수 있기 때문이다.

패턴을 이해한 독자에게 기회는 무궁무진하게 열려 있다. 물론 패턴을 깨거나 비튼 대가로 실패할 수도 있다. 그러나 그 시행착오의 시간은 짧을 것이고, 비용은 저렴할 것이며, 경험이 빠르게 축적될 것이다.

특히 온라인의 세계가 그렇다. 나는 이를 두고 '트래픽은 무한하다'라고 표현한다. 이것은 단지 비유가 아니다. 만약 독자께서 장사를 한다면 영업 종료 시간에 가게 문을 닫을 것이다. 한 편으로는 못내 아쉬울 수도 있을 것이다. 오늘 얼마 정도는 더 팔 수 있었을 텐데... 그리고 다음 날 영업을 기약하며 집으로 돌아간다.

그런데 온라인에서는 가게 문을 닫을 필요가 없다. 아니, 닫고 싶어도 문밖에서 밀고 들어오는 손님 때문에 감당하기 벅차다고 행복한 비명을 질러야 한다.

주변에 이 말을 하면 열에 아홉은 시큰둥하다.

그래서 나보고 지금 유튜브나 블로그 같은 걸 하란 얘긴가. 그건 특이한 사람이나 하는 거지, 유튜브는 이미 과포화 상태 아닌가.

반응이 보통 이렇다. 온라인에서 트래픽이 밀려 들어오는 수익원에 대해서 특이한 소수의 사례로 취급하는 것이다. 그런데 조금만 생각해보면 이것은 특수한 케이스가 아니라 **보편적인 원리이다.**

음식 장사를 한다고 생각해보자. 이태원에 유명한 태국 식당에 사람들이 줄을 선다면, 이것은 특수한 케이스이다. 독자께서 외국에 살거나 점포를 얻을 돈이 없거나, 태국 요리를 모른다면 같은 사업으로 성공할 확률은 낮다. 즉, 이 사업은 플랫폼과 무관하고, 그렇기 때문에 트래픽의 원리와 맞지 않는다.

그런데 네이버에서 제공하는 온라인 쇼핑몰인 스마트스토어를 개설하고, 태국 간식을 포장해서 온라인에서 판매한다면 이는 24시간 운영되는 플랫폼을 이용한 것으로 트래픽의 원리를 이용하는 사업이 된다. 오해하지 말기를. 이렇게 온라인 사업을 하면 무조건 많이 팔린다는 뜻이 아니라 플랫폼을 이용하면 24시간 동안 문을 열어두고, 24시간 동안 지나가는 손님이 있어서 매출을 만들 수 있다는 뜻이다.

하루에 한 번씩은 장을 보거나 옷을 사거나, 티켓을 사거나, 기프티콘이라도 사기 위해 휴대폰에서 결제해본 적이 있다면, 방금 했던 말이 얼마나 엄청난 것인지 느껴질 것이다.

우리는 유튜브나 블로그, 인스타그램을 언급할 때, 마치 현실에 존재하지 않는 가상의 세계처럼 느끼는 경향이 있다. 온라인 세계에서 활동은 하지만, 이를 실제 길거리를 걸을 때 보이는 약국이나 편의점, 사진관과 같은 물리적 공간이라고 생각하지는 않는 것이다. 그렇기 때문에 인스타그램이나 블로그가 **아직도 대단해 보이지 않는 것이다.** 하지만 이들 공간이 동종의 오프라인 상점

매출을 뛰어넘은 지는 이미 오래다.

이걸 실제 몸으로 느끼는 사람은 오프라인에서 장사를 왕성하게 하는 사장님들이다. 이들은 오프라인의 권력이 온라인으로 넘어갔다는 걸 느끼고, 이로 인해 생계의 위협을 받는 사람들이기에 온라인의 중요성을 엄청나게 많이 느낀다. 그러나 영업의 도구가 오프라인 매장에 있지 않은 많은 이들은, 여전히 이 세계의 언어가 얼마나 돈이 되는지 깨닫지 못한다. 매일 들여다보는 동네 커뮤니티인 카페가, 인스타그램의 게시물이, 유튜브의 영상이 모두 상업적 가치를 내재한 콘텐츠이며, 이것을 소비하는 자신이 돈을 지불한 소비자라는 사실을 망각하는 것이다.

"유튜브는 심심할 때 보는 거지 돈을 낸 적은 없는데, 내가 왜 소비자죠?" 이렇게 되묻는 사람도 있을 것이다. 유튜브를 소유한 구글은, 인터넷에서 키워드 검색을 통해 노출된 결과 중 일부를 광고주에게 판매하는 비즈니스로 세계적인 기업이 되었다. 즉, 이들은 **시간을 판다**. 고객의 관심이 적용된 검색 결과라는 시간의 가치를, 아는 기업가에게 되파는 중개 사업을 하는 셈이다. 그렇기에 구글은 유튜브에도 같은 원리를 적용해 사업을 한다. 유튜브를 보는 동안 광고가 뜨고, 내가 광고를 보지 않고 넘긴다고 하더라도 나는 이미 시간이라는 가치를 구글에게 되판 셈이 된다. 그것이 당장 눈에 보이지 않는 화폐의 지불처럼 보이지 않겠지만 말이다.

"아, 머리가 점점 아파오는데요. 그러면 지금 내가 당장 유튜브를 해서 나도 사람들의 시간과 관심을 얻으면 되는 건가요?"

이 질문에 대한 대답이라면 '그렇다'이다. 아마 독자 중에서는 1세대 유튜버 중에서 억대의 수입을 처음으로 올린 '대도서관'이라는 유튜버의 이름을 들어본 적이 있을 것이다. 이 사람은 게임 방송을 중계해서 수백만 구독자를 모으고, 이로써 광고수입을 올리면서 연 수십억을 번다.

이 사람이 번 돈은 '광고 수익'이다. 대도서관은 사람들의 관심을 끌고, 여러 사람들의 시간을 모은 다음, 이것을 유튜브에 되팔았다. 겉으로 보기에는 수백만 명이 따르는 사람이니까 엄청난 사업이 전개될 것 같아 보여도 사실은 간단하게 말해 '광고수익'을 올린 것이 전부이다. 대도서관은 겉으로 보기에는 게임 중계를 취미로 해서 우연히 빵 뜬 것 같아도, 사람들의 시간을 모으기 위해 꾸준히 콘텐츠를 만들어 공급한 **온라인 플랫폼 사업자**이다.

중요한 것은 대도서관이 이렇게 돈을 벌었다는 사실보다, 그가 어떻게 그러한 구독자를 '모았는지' 그 방법일 것이다. 단지 유튜브를 개설하고 영상을 찍는다는 것만으로, 광고수입이 발생하지 않기 때문이다. 유튜브에서 의미 있는 광고 수익을 얻으려면 구독자가 최소 1만 명 이상이어야 한다.

만약 유튜브라는 채널이 앞서 언급한 무한한 트래픽을 발생시키는 플랫폼이라는 확신이 든다면, 독자께서도 유튜브를 대도서관처럼 해야 한다. 대도서관은 어떻게 하면 유튜버로 성공할 수 있는지 묻는 질문에 이런 취지로 답을 했다. 어떤 분야이든 자신이 관심 있는 쪽의 영상 콘텐츠를 만들어 일주일에 3번 이상 올리고, 이걸 1년 이상 지속할 수 있다면 반드시 성공할 수 있다고 말이다.

그런데 이렇게 일주일에 3번 이상 영상을 촬영 또는 제작해서 올리는 사람이 별로 없다. 당연하게도 **유튜버로 당장 돈을 벌 생각이 없는 사람이 많기 때문**일 것이다. 그러나 문밖에 길게 줄을 선 사람들이 보인다면(물론 남들 눈에는 안 보이겠지만), 당신은 일주일에 3번 이상 영상을 올려야 한다. 그것은 오프라인 상점을 운영하는 사장이 내 가게로 꼭 돈을 벌겠다는 신념으로 매일 가게 셔터를 올리는 것과 같은 행동이다.

<u>이건 유튜브뿐만 아니라 플랫폼의 속성을 가진 미디어라면 모두가 공통된다.</u>

한 예로 블로그를 떠올려보자. 얼굴 드러내는 걸 별로 안 좋아하는 사람이라면 블로그를 활용해서도 여전히 플랫폼을 만들 수 있다. 원리는 같다. 하루에 한 번 이상, 적어도 일주일에 세 번 이상 자신이 관심 있는 분야의 콘텐츠를 계속 생산하는 것이다.

"그냥 아무 콘텐츠라도 올리면 될까? 나는 잘하는 게 아무 것도 없는데, 누가 내 콘텐츠를 보고 돈을 낼까요?"

물론 매일 일기를 쓰라는 말은 아니다. 우리는 지금 취미로 장사를 하는 게 아니니까. 가끔 돈 벌려고 하는 게 아니라 취미로 가게를 하는 사람도 있지만, 대부분 오프라인 상점을 운영하는 사람들은 모두 돈을 벌려고 그 일을 한다. 그러니 목적과 의도를 가지고 콘텐츠를 올려야 한다.

예를 들어서 나는 핸드메이드로 모자를 만드는 걸 좋아하는데, 이런 것도 돈으로 바꿀 수 있을까? 수제간식 만드는 걸 좋아하는데 이런 콘텐츠도 돈으로 바꿀 수 있을까? 만약 핸드메이드 모자나 수제간식을 팔기 위해 오프라인 상점을 낸다면 돈을 벌 확률이 낮다. 그런데 블로그에 관련된 콘텐츠를 올리기 시작하면 트래픽의 원리에 따라서 24시간 내내 콘텐츠가 노출된다.

앞에서 유튜버 대도서관이 했던 말을 잠시 한 번 기억해보자. **적어도 일주일에 세 번, 1년 이상 콘텐츠를 올린다.** 자, 이것이 바로 온라인 플랫폼에서 사람들의 관심을 끌고 그래서 그 관심을 돈으로 바꾸는 비밀이다. 만약 이태원에 핸드메이드 모자 전문점을 낸다면, 내 가게에 하루 찾아오는 손님이 1000명을 넘을 확률은 적다. 마찬가지로 수제 간식 전문점을 낸다고 해도, 하루에 수백 명이 찾아올 확률은 적다고 볼 수 있다. 그러나 블로그를 1년 이상 같은 주제로 운영하면, **하루 방문자가 1000명이 넘을 확률이 70%가 넘는다.**

그러면 이 1000명의 방문자들 중에서, 내 블로그에 올라온 콘텐츠에 진심을 공감해서, 내가 만든 제품이나 서비스를 돈을 주고 구매한다고 가정해보자. 구매율이 10%에 불과하다고 해도 하루에 100명의 손님이 와서 돈을 낸다. 더 보수적으로 잡아 5%에 불과해도, 50명이 와서 돈을 낸다.

내가 수제 간식을 팔든, 손뜨개 상품을 팔든 한 개를 판매했을 때 평균 순수익이 2천 원이라고 가정해보자. 그러면, 하루 순수익은 구매율이 5%일 때 10만원, 10%일 때 20만원이다. 10%라고 보면 하루 순수익 20만원, 이것을 한 달로 잡으면 대략 600만원의 수익이 생긴다. 플랫폼 효과로 1년을 투자한 대가치고는 너무나도 크다.

이건 블로그뿐만 아니라 인스타그램, 유튜브 등 사람들이 모이는 모든 분야에 적용되는 원리다. 다시 말하지만 원리는 변함이 없다. **어떤 콘텐츠든 자신이 관심이 있는 분야에서 1년 동안 일주일에 3번 이상, 1년 동안 콘텐츠를 올린다면 트래픽의 효과로 수익을 거둘 수 있다.** 그렇다면 이쯤에서, 독자는 스스로에게 진지하게 물어볼 필요가 있다.

:

1년 내내 하루도 빼먹지 않는 게임이 있거나,
하루도 거르지 않고 보는 드라마가 있거나,
하루도 빠지지 않고 들르는 쇼핑몰이 있다면, 왜 내가
하루도 빠지지 않고 만드는 콘텐츠는 없는 걸까.
왜 나는 내 소중한 시간을, 내 시간을 되파는
플랫폼 콘텐츠 생산자들에게 주기만 해야 하는 걸까.
나도 뭐가 되었든 내가 좋아하는 콘텐츠를 만들어
사람들에게 판매할 순 없을까?

:

투자보다 사업이 낫다

24시간 나 대신 일을 해주는 회사에 투자해서 돈을 버는 주식, 24시간 사람들의 관심과 시간을 얻어서 그 대가로 상품이나 서비스를 판매하는 온라인 사업, 이 두 가지 분야를 살펴보았다. 그럼 **가장 눈부신 성취를 얻으려면 주식투자와 수익 사업을 둘 모두 해야 한다는 결론이 난다.** 세상에는 사업은 하되 투자는 하지 않는 사람도 있고, 사업은 안 하고 투자만 하는 사람도 있다. 어떤 방식이 가장 현명할까.

모두 나름의 장점이 있어서 어느 걸 정답이라고 말하기는 어렵다. 우리나라 사람들은 **사업보다 투자를 쉽다고 여기는 경향이 있는 것 같다. 정확히 표현하면 사업이 투자보다 어렵다고 착각하는 것 같다.** 그러나 이것은 정말 착각이다.

투자는 돈을 넣으면 운이 좋으면 얻거나 잃거나 하는 결과가 드러나지만, 사업은 돈을 투자해도 좋을지 나쁠지 알 수 없는 불확실의 영역이자 한 개인이 도전하기엔 변수가 있는 영역이라 그럴 것이다. 그러나 이것은 눈속임에 불과하다. 나 같은 사업가가 보기엔 오히려 투자야말로 매일 주사위를 던지는 것 같은 불확실한 영역이다. 이 말은 리스크, 즉 위험이 크다는 뜻이다.

물론 운 좋게 주사위를 던져서 나온 숫자를 맞추어서 큰 수익을 얻는 경우도 있다. 그러나 주식 투자는 **내가 모르는 사업에 돈을 대는 것이다.** 단지 주가를 보고 투자하는 경우만이 아닌, 기업가치를 보고 투자하는 가치투자의 경우도 마찬가지다. 내가 만약 10억 원어치의 주식을 가진 회사라서, 회사에 매일 찾아가고, 사업

동향을 파악하고, 주주총회에 참석하는 열성을 보이더라도 냉정하게 말해 그건 남의 사업이다. 대부분의 사람들은 많아야 몇 천만 원 정도를 손에 쥔 소액주주일 테고 이들은 기업 경영에 관해서는 의사결정 권한이 없다. 사업을 하는 회사에 투자하는 주식도 사업처럼 변수가 많은 게임이다.

멀쩡히 잘 유지되던 기업이 오너가 차 한 번 바꾼 의사결정 때문에 이듬해 회계 결산으로 망하는 일이 발생하는 게 사업의 세계이다. 회사의 구석구석을 오너만큼 속속들이 알고 있어도, 투자자 입장에서 오너의 도덕성과 리더십까지 검증할 수 없다. 그러니 매일 잠자리가 불안하고, 회사의 불확실한 앞날에 모든 걸 건 투자가 얼마나 불확실할지는 불을 보듯 뻔하다. 사업이 불확실의 영역이라서 사업 대신 투자를 선택한 사람이라면, 자신이 투자한 세계 역시 사업을 기반으로 돌아가는 세계라는 점을 곧 깨닫게 될 것이다.

투기의 관점에서 보면 주식이 돈 놓고, 돈 먹는 게임 같겠지만 주식투자는 보기보다 만만치 않은 게임이다. 평생을 주식투자에 매달려온 워렌 버핏 같은 대가도 평생동안 거둔 연평균 수익률은 30% 내외에 불과하다. 투자 공부를 정말 열심히 하는 전문가들 또한 연평균 수익률을 10% 정도로 보수적으로 잡는다. 이 정도만 매년 벌어들일 수 있다면 그를 투자의 고수로 보는 것이다. 주식투자 전문가들이 이런데 일반 투자자는 오죽할까. 원금 얼마를 투자해서 몇 달 만에 열 배가 되었다는 유튜버의 거짓말 같은 이야기는 사실, 말 그대로 거짓말일 가능성이 높고 **일반 투자자가 흥**

내 내기 어려운, 아니 불가능한 경지에 있다.

그러니 이 글을 읽는 독자 중 투자를 좀 해봤고, 나름대로 주식 공부를 열심히 하기도 해서 투자에 관해 몇 마디 거들 수 있는 분들에게 진지하게 권하고 싶다.

그렇게 공부해서 얻은 수익이 얼마나 되었든 간에 워렌버핏의 평균 수익률을 넘지 못했다면, 그럼에도 불구하고 자신이 투자로 일가를 이루어야 하는 특별한 이유가 있는 게 아니라면, 주식공부에 시간과 열정을 쏟지 말고 차라리 더 늦기 전에 사업 공부를 하는 게 낫다.

나는 대한민국 성인 중 주식투자에 열의를 보이는 대부분의 사람들 중 다수가 **투자에 손을 떼고 사업에 그와 같은 에너지를 투자해야 한다**고 본다.

주식보다 사업이 낫다.

누군가는 투자가 기업의 주인이 되는 것이라 한다. 내가 목돈을 투자해서 그 회사의 지분을 사면, 나는 그 회사와 동업을 하는 것이라 한다. 회사가 성장해서 주가가 오르면 그 결실을 내가 갖게 되고, 나는 똑똑한 경영진을 믿고 동업을 한 대가를 얻으면 되니 사업보다 낫다는 얘기다.

어떤 면에서는 맞는 말이다. 그러나 돈을 댔다고 해서 그 회사의 동업자라고 생각하는 건, 적극적 투자의 의미에서는 맞는 말이지만, 현실적인 의미는 없다. 투자자는 자신이 투자한 회사에 의견을 낼 수는 있지만, 실무에 손을 댈 수는 없다. 설령 내가 투자한 회사의 사업의 성장 전략과 기획이 나에게 있더라도, 대표이사의 경영 방침과 다르면 반영되지 않는다. 한 회사에 자금을 대는 것과 그 회사를 경영하는 것은 완전히 다른 얘기다. 실제 가치투자를 하는 투자자 역시 지분을 매입한 회사가 성장해 적정 시점이 되면, 지분을 정리하고 주가 상승으로 인한 차익을 실현한다. 동업을 했다고 하면 회사가 성장하든, 망하든 한 배를 계속 타야 할 것이다. 투자는 사업을 간접적으로 운영한다고 보기 어렵다.

사업은 투자보다 이득이 많다. 난이도는 둘 다 어렵지만 결실을 놓고 보면, 사업이 투자보다 훨씬 더 지속적이면서 큰 부가가치를 안겨 준다. 사업을 하는 것이 투자를 하는 것보다 훨씬 더 돈을 많이 벌 기회가 있다.

사업과 주식 투자의 차이점

이걸 원리의 측면에서 살펴보자. 사업과 투자의 공통점은, 둘 다 해당 분야에서 돈을 벌기 위해서는 치열하게 공부해야 하며 둘 모두 자본금이 어느 정도 필요하다는 것이다. 사업은 일정 규모 이상을 갖춘 상태로 운영되다가 망하면 빚을 지거나 파산을 하지만, 투자는 망하더라도 원금을 날리는 것으로 그친다. 예컨대 내가 1억을 가지고 사업을 해서 1년 만에 이 사업체가 1년에 5천만 원을 버는 회사로 만들었다고 하자. 그러면 내가 투자금을 회수하는 데 드는 기간은 1년으로, 회사 경영 2년 차부터는 회사에서 버는 돈 중 비용을 뺀 금액은 순수익이 된다. 회사가 망하지 않고 운영되었을 경우다. 반대로 회사가 1년 안에 망한다면, 나는 투자한 금액 1억도 건지지 못할뿐더러, 이 사업을 유지하기 위해 그동안 든 각종 비용 등을 모두 보전해야 하기 때문에 빚을 지게 된다.

보통 사업을 하는 게 위험하다고 하는 이유는, 이렇게 실패한 이후에 빚을 지는 상황에 대한 두려움 때문일 것이다. 이렇게 되면 사업이 끝난 이후에도 빚을 갚을 때까지 끝난 게 아니다. 그러나 1억을 투자했다가, 이 회사가 망해서 주가가 10분의 1로 떨어졌다고 하면, 나는 투자금 90%를 잃었을 뿐 빚을 지거나 회사 파산으로 인한 사회, 도덕적 책임을 질 필요가 없다. 한 마디로 깔끔하다. 위험 요소를 무릅쓰고시라도 사업을 하는 사람은, 이를 상쇄하고도 남을 만큼 높은 수익률을 얻을 자신이 있기 때문에 사업을 한다. 그래서 사업을 위험이 큰 만큼 수익도 높다고 하는 것이다.

그런데 이 공식에 변화가 생긴 것이 바로 디지털 혁명, 즉 온라인과 모바일이 우리 사회의 주요 비즈니스를 파고들기 시작한 때부터이다. 과거의 창업이라고 하면 떠올리는 개념인, 큰 사무실이 있고, 직원을 채용하며 초기에 배포 큰 투자를 통해 규모의 경제를 달성하는 비즈니스는 전형적인 산업화 시대의 얘기다. 지금은 창업을 한다고 해서 반드시 직원을 뽑아야 할 필요도 없고, 사무실을 얻어야 할 필요도 없다. 필요한 자원은 빌리거나, 외주를 맡기거나, 공유하면 얻을 수 있으며, 반드시 하루 종일 한 가지 일에만 매달릴 필요도 없다. 내 경우도 지금 3~4가지 사업을 하면서 직접 고용한 직원은 없으며 혼자서 일하는 데 어려움을 느끼지 못한다.

디지털 혁신으로 달라진 창업의 정의는, 기존의 무거운 사업의 개념보다는 '수익을 만드는 것'이라는 개념으로 변했다. 1인 사업가들은 한 가지 업으로 일가를 이루거나 장인의 반열에 올라서 사회에 의미 있는 기여를 해야 한다는 압박감이 없다. 그저 자신이 재능 있고 좋아하는 일로 돈을 벌 수 있으면, 그 일이 여러 가지라고 해도 문제가 없다. 나는 꼭 작가여야만 한다거나 사장이라는 직함을 달지 않으면 안 된다는 둥, 타이틀에 얽매이지 않는다는 뜻이다. **내가 잘 할 수 있고, 돈이 되는 일이면, 즐겁게 그 일에 뛰어 든다.** 이렇게 되면 전통적 의미의 창업을 통해 감수해야 할 위험 요소들 상당수가 제거되는데 앞에서도 말한 직원 채용, 사무실 임대, 각종 집기 시설 같은 인프라 투자 비용 등이 여기에 해당한다. 일이든 사람이든 빌려 쓰거나, 전문가에게 맡긴다는 개념으로 일을 하기 때문에 설령 그 일을 오늘 당장 정리해도 빚을 지거나 손해를 보지 않아도 된다.

투자할 것인가 사업할 것인가

1억을 가지고 투자하는 사람과 돈을 들이지 않고 사업을 하는 사람을 비교해보려고 한다. 1억을 들고 투자하는 사람은 소수이며, 돈이 없어도 사업하고 싶은 사람은 그보다 많다. 나는 돈이 없어도 사업을 하는 게 1억을 들고 투자하는 것보다 훨씬 더 유리하다는 점을 설명하려고 한다.

먼저 1억을 투자한 사람은 매년 20%를 번다고 해보자. 인심을 후하게 썼다. 열심히 투자 공부를 하면서 적극적으로 노력한 대가라고 치자. 그럼 이 사람은 투자한 1년 뒤 2400만 원을 벌게 된다.

2400만 원은 큰 돈이다. 그러나 1년 동안 2400만 원을 번 것으로 생계를 꾸린다면, 당연히 불가능하다. 시간은 관심이자 돈이라고 했다. 세상의 모든 수익 상품은 시간을 필요로 한다. 투자든 사업이든 마찬가지다. 물론 이 투자자가 1억으로 몇 달 동안 짧게 사고파는 걸 반복해서 단기간에 20%의 수익을 얻을 수도 있지만, 이는 엄청난 운이 따라야 하므로 일반적인 경우가 아니기에 논외로 하자.

주식시장에서 1년을 기다린 대가로 받는 돈이 2400만 원이다. 그것도 종자돈이 1억 원이 있을 때, 연평균 20%라는 높은 수익을 기록했을 때 얘기다. 1년 수익금으로는 결코 많은 돈이 아니다. 보통 사회활동을 하며 비축하는 비상금 정도라는 얘기다.

이번에는 돈을 들이지 않고 사업하는 사람이 있다고 하자. 이 사람은 앞서 예로 든 플랫폼을 구축해서 1년 동안 부지런히 콘텐츠를 만들어, 드디어 매달 20만 원이 발생하는 사업을 만들었다고 하자. 이 사람은 그동안 만들어둔 콘텐츠를 보고 고정팬이 된 고객을 통해서 꾸준히 월 매출을 만들게 되었다. 그리고 이후에도 매달 콘텐츠를 올리자, 방문자와 팬은 조금씩 불어나기 시작해 매달 얻는 월 수익이 200~300만 원까지 오르게 된다.

여기까지 왔다면, 아까 말한 1억을 투자한 사람과 방금 말한 사업가의 5년 뒤를 비교해보자. 투자자는 매년 20%의 수익률이 복리가 되어 5년 뒤 종자돈이 약 2억 4천만 원으로 불어났다. 5년 간 번 돈은 연평균 2800만원이다. 사업으로 번 사람은 연평균 수익이 3000만 원이 조금 넘는 수준이 되었다. 수익률만 보면 투자와 사업의 수익이 엇비슷한 것처럼 보인다. 사업은 투자보다 많은 노력과 열정이 필요하다면, 굳이 이렇게까지 힘들게 사업을 할 필요가 있을까 싶기도 하다.

그러나 중요한 건 그 다음부터다. 이 사업가는 5년이라는 시간 동안 꾸준히 플랫폼을 통해 생산한 콘텐츠의 전문성을 갖게 된다. 그리고 투자의 복리 효과처럼, 시간이 지날수록 방문자 수가 늘어나는 플랫폼의 트래픽 효과로 인해 이 사업가는 처음 사업을 시작했을 때처럼 많은 시간을 들이지 않더라도 일정한 수익이 계속 발생된다. 만약 직원을 고용하고, 사업에 필요한 인적, 물적 인프라가 필요한 일이었다면 이 비용을 계속 만회하느라 수익이 떨어졌겠지만 다행히도 1인 사업을 시작했던 터라, 이러한 비용은 사업 초기와 마찬가지로 거의 없거나 낮은 수준을 유지하고 있다. 그렇다면 이 사업가는, 이때부터 일종의 '돈버는 시스템'을 갖게 되는 셈이다.

이 시스템은, 이 사업가가 어떤 콘텐츠를, 어떻게 만들고, 누구에게 보여주어서, 어떤 방법으로 판매할지에 대한 경험과 데이터가 머릿속에 축적된 상태다. 만약 플랫폼에 사정이 생겨, 다시 처음부터 사업을 시작해야 한다고 하더라도 이 사람의 머릿속에는 지도가 있기 때문에 같은 플랫폼 콘텐츠를, 이전과 같은 방식으로 만들어낼 수 있다. 즉, **이 사람은 하나의 돈버는 시스템을 마련한 셈이다.** 반면에 투자를 한 사람은, 어떤 기업을 분석하고 연구하는 데이터는 축적되지만 이 데이터의 연속성을 갖기는 어렵다. 투자 노하우가 있더라도 투자하기 적합한 기업을 찾지 못하면 연 20%의 수익률을 낼 수 없다. 나는 이 지점의 차이가 투자와 사업의 특성을 가르는 매우 중요한 포인트라고 생각한다.

<u>1년에 2,400만원을 버는 사업은, 1년에 2,400만원을 버는 투자보다 낫다.</u>

 사업은 생산이라는 부가가치를 창출하지만 투자는 파생수익이라는 수익만 발생시키기 때문이다. 사업은 경험과 지식을 통해 시스템을 만들어내는 반면, 투자는 주가의 상승과 하락이라는 결과를 기다려야 한다. 전자를 나무 심기라고 하면, 후자는 과실 따기라고 비유할 수 있다. 그러니 만약 독자께 같은 시간이 주어진다면, 시도해야 할 것은 주식 공부가 아니라 사업 공부이다.

***사업과 투자의 수익성 개념**

사업 = 부가가치 창출 + 내부 경쟁력 확보 => 지속 가능성 높음
투자 = 파생수익 창출 + 외부 변동성 발생 => 지속 가능성 낮음

주식을 하려는 열정이 있다면 사업에 성공할 수 있다고 생각한다. 사업은 어렵고 주식은 쉽다는 말은 함정이다. 주식을 쉽게 보고 투자하는 개미들이 잃어준 돈이 있기에 전문투자자, 기관투자자들이 돈을 번다. 그래도 주가는 회사 가치의 반영이기 때문에 좋은 기업을 골랐다면 돈을 벌 수 있다, 라고 말하는 사람도 있다. **이 역시 함정이다.**

다시 반복하지만 지금은 디지털 혁명이 없었던 산업화 시대와 다르다. 주식을 사려면 객장에 가야 했던 때에는 정보의 편중이 있었다. 주식 중개인을 통해, 혹은 기업 IR 담당자를 통해 좋은 정보를 선취한 자가 저가에 주식을 매수해 돈을 벌었다. 지금은 지분을 일정 부분 이상 취득한 당사자를 공시한 자료를 모든 투자자가 인터넷으로 볼 수 있다. 워렌 버핏이 무슨 주식을 샀는지, 수십만 팔로워를 보유한 투자 유튜버가 무슨 주식을 샀는지 몇 번만 검색해보면 알 수 있다. 이렇게 정보와 기회가 평준화된 상태에서 저가 매수가 가능할까, 혹은 그게 의미가 있을까.

기업의 가치를 알고 주식을 산 사람은 반드시 돈을 번다, 는 말도 의심해봐야 한다. 노벨경제학상을 수상한 로버트 쉴러 교수는 <내러티브 경제학>에서 주가가 움직이는 이유를 투자자들의 심

리적 동기에서 찾는다. 투자자들의 집단 패닉으로 인한 영향력이 주가를 좌우하는 궁극의 요소이지 경제 위기나 기타 외부 변수는 부차적이라는 얘기다. 더욱이 최근처럼 소셜미디어의 영향력이 큰 시대에 주가를 움직이는 유일한 요소가 기업의 실적이라고 믿는 건 얼마나 순진한 발상인가.

그러나 사업은 증권거래소의 감시나 네티즌의 폭격, 혹은 시장의 변수에 비교적 덜 영향을 받는다. **아예 영향이 없다고 볼 순 없지만 거의 영향이 없다는 게 내 생각이다.** 경기가 최악으로 치달을 때에도, 사업가는 고유의 영역에서 돈을 벌 수 있으며, 심지어 어떤 사업가는 다른 사람들이 죽 쑬 때 오히려 더 벌 수도 있다. 반면, 경기에 민감한 영향을 받는 투자는 그렇지 못하다.

플랫폼을 이용한 사업의 기회는 무궁무진하다. 목돈의 창업 자금이 필요하지 않는 경우도 있고, 단지 열정과 취미만으로 돈을 버는 사람도 부지기수다. 디지털 혁명은 온라인 사업의 새로운 희망을 열어주었다. 유튜버와 쇼핑몰 운영자, SNS 인플루언서처럼 디지털 혁명의 수혜로 어느 날 갑자기 돈을 번 이들 중 대다수는 **처음부터 자신이 사업을 할 거라고 생각하지 못했을 것**이다. 그러나 이제 온라인 시장 또한 오프라인에서 김밥집을 창업하려고 준비하듯, 온라인의 특성을 잘 알고 준비하는 사람들이 진입하기 시작했다. 이들은 온라인이 얼마나 여전히 무궁무진한 기회가 있는지, 그러면서 같은 사업을 오프라인에서 벌이지 않음으로 인해 얼마나 큰 돈이 절약되는지 그 가치를 알고 칼을 갈고 있는 사람들이다.

하루 종일 주식 차트를 들여다보는 사람들 중 최소 절반 이상이 온라인 사업을 시도하는 날이 오려면 아직도 멀었다. 기회는 아직 열려 있다.

다시 한 번 생각해보자.

나도 사업을 해볼 수는 없을까?
지금 사업을 하기 위해 나에게 가장 필요한 것은 무엇일까?
내가 잘할 수 있는 사업은 어떤 분야일까?

제6원리.
시간과 자유를 만드는 업의 비밀을 깨우쳐라.

내가 어떤 일로 돈을 버는 목적을 다시 생각한다.
이를 통해 가장 수익율과 만족도가 높은 사업을 하기 위함이다.

• • •

서울은 매력적인 도시다. 서울에 사는 사람뿐 아니라 전 세계 사람들이 꼽는 매력적인 도시 안에서 항상 상위권을 차지한다.

서울에서 거리를 몇 걸음 걸어 보자. 공원이든 거리든, 상가든 상관 없다. 매일 사람들이 지나다니는 거리를 걸은 그 땅의 가치는 대한민국 직장인 평균 연봉에 해당한다. 서울의 아파트값은 3.3m당 평균 3천만 원을 호가한다. 서울에 있는 아파트에 살고 있다면, 지금 서 있는 한 평 남짓한 공간을 차지하는 대가로, 한 근로자가 1년 동안 시간과 노력, 비용을 들인 대가와 맞먹는다.

도시만 그럴까? 서울을 벗어난 조용한 근교의 들판을 걸어보자. 열 걸음만 걸어도 역시 직장인 1년 연봉에 해당한다. 땅을 사고자 조금만 노력해본 사람은 알 것이다. 2021년 파주시의 평당 땅값은 300만원인데, 10평을 사게 되면 3,000만원이다. 집이라도 지을라치면, 30평 정도 규모로 짓는다면 땅값만 약 1억이 든다. 만약 파주에서 카페를 하나 차리려는 사람이 있다고 치자. 이 사람은 직장을 은퇴하고 받은 퇴직금 3억 가량으로 카페를 차리고 싶다. 파주에 땅 50평을 평당 300만원 가격으로 구매하고, 1억 5천만원을 투자했다. 건물을 짓는 데 1억 정도를 투자하고 집기 비용에 5천만원을 들여서 카페를 차렸다고 해보자. 빠듯한 예산이다.

처음엔 사람을 쓸 여유가 없어서 본인이 직접 커피를 내렸다. 손님이 아직은 하루에 20명도 오지 않는 상황. 하루 매출이 몇 십만원도 안 될 때가 많다. 이쯤에서 다시 생각해보자. 3억이란 돈은 무엇인가? 그것은 연봉 1억 원을 받아서 무려 30년 정도를 한 회사에서 일한 수고로 받은 대가이다. 자신의 인생을 전부 투자해서 받은 돈을, 생산수단으로 만들기 위해 투자한 결과로 그는 하루 인건비도 벌기 빠듯한 상태에서 다시 노동을 시작해야 한다. 30년이다.

3억을 견딘 가치가 30년이라면, 30년이란 시간 동안 우리는 고작 3억 정도밖에는 부가가치를 만들지 못한다는 말인가? 강산이 세 번이나 바뀐다는 시절 동안, 우리는 얼마든지 지금과 다른 존재가 될 수 있지 않을까. 어떤 일이든 10년을 투자하면 그 분야의 전문가가 된다고 보면 자신이 좋아하는 한 분야를 파서 최소한 카페를 차렸을 때만큼 벌거나, 그 이상 벌기 위해 투자하는 게 낫지 않을까?

  지금 필요한 최소한의 한 달 생활비가 500만원이라면, 3억이라는 돈은 최소한 3년 이상의 시간을 벌어줄 수 있는 귀한 돈이다. 한 달 생활비를 300만원으로 아껴 쓴다면, 거의 7~8년에 가까운 시간을 벌어주는 돈이 되기도 한다. 그 시간 동안 새로운 분야를 공부해서 직업을 새로 갖거나, 작은 사업을 하는 게 차라리 더 안전하지 않을까?

시간의 노예가 될 셈인가

  그래도 땅을 사면, 뭘 하다 망해도 땅이라도 남지 않느냐고? 땅을 사는 게 평생의 소원이었다면 모르겠다. 그 외에 땅이나 집을 가지고 있는 것만으로는, 아무런 부가가치도 만들 수 없다. 평생 내 집을 갖는 게 소원인 사람이 한 달에 100만 원씩 저축해서 30년을 모으면, 3억이 된다. 그는 이 돈을 갖고 1억의 대출을 더해서 4억으로 작은 아파트를 하나 산다. 그럼 그는 내 집을 갖기 위해 30년의 시간을 투자하고, 덧붙여서 1억을 빚진 자가 된다. 내 집을 마련한 대가로 그는 1억을 갚기 위해 10년을 더 일해야 할지 모른다. 그러기엔 그 돈과 앞으로 투자될 시간이 너무 아깝지 않나. 우리는 길거리를 마음껏 활보할 수 있는 시간을 원하지, 그 거리를 열 걸음 정도 걸어갈 수 있는 땅을 사는 데 10년을 바쳐야 한다면 그게 무슨 헛된 일인가.

  내가 좋아하는 일이 만화라면, 만화로 직장인 평균 연봉 정도만 벌고 살아가도 행복하다면, 3억 중에서 1억은 배움에 투자하고, 2억으로 생활비를 하면서 몇 년 뒤 새로운 생산수단을 갖는 게 낫지 않을까. 좋아하는 분야인 만화로 앞으로 10년을 더 벌 수 있다면, 3억 짜리 카페를 갖는 것보다 훨씬 더 가치 있는 게 아닐까. 돈으로 살 수 있는 가장 값진 것은 시간이다.

<u>우리에게 필요한 것이 10년을 투자해서 대가로 얻는 아파트가 아니라, 10년이란 시간 동안 마음껏 하고 싶은 자유라고 말하지 않은 사람들은 누구인가. 돈으로 살 수 있는 가장 값진 게 시간이라는 진실을 왜 아무도 말하지 않고 있는가.</u>

지금 수중에 1,000만 원 이상의 여유를 가진 사람들에게 묻고 싶다. 그 자금으로 재테크를 할 건가. 아니면 돈을 대출받아 아파트를 살 것인가. 상식적인 사람이라면 금융이든 부동산이든 투자로 인한 1년 평균 수익률이 20%를 넘을 것이라고 기대하지 않는다. 그렇다면 1,000만 원을 1년 투자해서 1년 뒤, 200만원을 벌기 위해 유망 주식과 오를 부동산을 찾는 게 맞을까. 내 몸값을 올려줄 분야를 공부해서 1년 뒤에 수입이 2배 이상 올라갈 수 있게 만드는 게 나을까. 주식은 평균 수익률에 수렴하지만, 내가 좋아하는 분야를 돈으로 바꾸는 방법을 알면 수익률은 100% 이상 오른다. 그럼 같은 돈을 어디에 투자하는 게 맞을까.

10억의 여유 자금을 가진 사람이 있다. 10억으로 주식에 투자해서 연 2억의 수익을 올릴 수 있다면, 매달 2천만 원 가량의 생활비가 생긴다. 대부분의 사람들이 원하는 삶일 것이다. 여유 자금이 10억 정도 된다면 재태크를 통해 시간의 자유를 얻는다. 그는 매달 2천 만원 남짓한 돈으로 자신이 하고 싶은 삶을 살 것이다.

그런데 중요한 사실이 한 가지 있다. 누구에게나 주어진 시간은 하루 24시간으로 정해져 있다는 것이다. 매달 2천만 원을 버는 사람이든, 200만 원을 버는 사람이든 일과 휴식, 취미와 자기계발하는 시간의 비중은 같다. 2,000만 원을 매달 버는 사람도 자기계발에 쓰는 금액의 차이가 있을 뿐, 그가 무언가를 익히고 배우는 데 드는 시간과 비용이, 그가 여유 자금을 갖고 있다고 해서 덜 드는 건 아니다. 만화를 배우는 데에는 돈이 있든 없든, 같은 비용이 들고, 배우는 과정에는 비슷한 시간이 든다.

자기 몸값을 높이는 데 더 유리한 사람은 누구일까. 여유 자금이 있어 만화를 여유로 그리는 사람일까, 아니면 퇴근을 하고 시간을 쪼개서 자신이 좋아하는 걸 하는 사람일까. 나는 절대적으로 후자가 더 배움과 성취에 빠를 것이라고 생각한다. 더 간절하기 때문이다. 그렇다면, 이 경우 좋아하는 일을 돈으로 바꾸는 데 돈이 많은 사람이 더 유리하다고 말할 근거가 사라지게 된다.

잘하는 일로 돈벌기, 좋아하는 일로 돈벌기

나는 세상에 4가지 일이 있다고 믿는다. 그것은 바로 좋아하는 일, 잘하는 일, 좋아하면서도 돈이 되는 일, 잘하면서도 돈이 되는 일이 그것이다.

어떤 일을 좋아하면 취미가 된다. 어떤 일을 잘하면 직업이 된다. 자본주의 시대에 어떤 일을 좋아하는데 돈이 된다면 그걸로 예술을 할 수 있다. 좋아하는 일에 금전적 가치를 매기지 않았던 르네상스 시대에는 순수예술이 대세였다. 자본주의는 다르다. 좋아하는 일에 금전적 가치를 아주 잘 매겨준다.

내 아이디어가 돈이 되는지 알려면 크라우드 펀딩을 해보면 된다. 펀딩에 성공하면 그 가치는 사람들이 지지하며, 그로써 돈이 되고, 펀딩에 실패하면 그것은 단지 개인의 상상이 된다. 그러니까 내가 그림을 정말 좋아하면, 르네상스 시대에는 귀족이나 왕족이 그걸 사줄 때까지 기다려야 했는데, 지금은 크라우드 펀딩으로 사람들에게 사달라고 하거나 온라인 경매에 부치면 된다.

어떤 일을 좋아하지는 않는데, 잘하면 직업이 된다고 했다. 숫자를 다루는 걸 좋아하지는 않는데 계산을 아주 잘한다면 그는 훌륭한 회계사가 된다. 그리고 잘하는 걸 돈으로 바꾸면 그는 사업가가 될 수 있다. 잘하는 걸 돈으로 바꾼다는 것은 그 잘하는 대상에 감정이나 자아를 투영하지 않고도 그것을 위대한 생각이 다스릴 수 있게 됨을 뜻한다. 잘하는 일의 대상을 다스렸을 때 그는 이것을 무한 반복할 수 있다. 왜냐하면 잘하는 일은 좋아하는 일처럼, 영감이나 감정에 결과가 좌우되지 않고 머리만 계속 쓰면 되기 때문이다.

만약 여유 자금이 있어, 먹고 사는 걱정을 안 해도 된다면 그는 이 4가지 분야를 다 시도하면 행복해진다. 아침에 눈을 떠서 잠들 때까지 노동의 압박에서 자유롭기 때문에 시간이 여유롭다. 또 좋아하거나 잘하는 걸 발견한 이후에도, 그걸 돈으로 바꾸는 과정까지를 즐기면서 할 수 있기 때문에 자본주의에서 행복해질 가능성이 높아진다. 디제잉을 좋아하는데 글쓰기를 잘한다면, 디제잉 학원에 다니면서 글쓰기로 돈을 버는 웹소설 강의를 들을 것이다. 한편으로는 잘하는 분야를 발굴하기 위해 건축 설계를 배우는 시간을 따로 낸다. 디제잉을 배우는 과정에서 자신이 좋아하는 분야로 돈을 벌기 위해 DJ로 데뷔할 기회를 노릴 것이다. 그러는 사이에 건축 설계 실력이 좋아져, 자신의 집을 직접 짓는 데서 상업적 가치를 발견할 수도 있다.

웹소설은 폭발적 조횟수는 아니지만 미약하게나마 매일 수익을 가져다 줄 것이며, 디제이로 데뷔한다면 그는 이걸 경력 삼아서 조금 더 경력을 보충해줄 무대에서 활동할 수 있다. 당장 돈을 벌어야 한다는 압박이 없기 때문에 그는 서두르지 않고, 약간의 수익에도 만족해하면서 자신의 경력을 차곡차곡 채워나갈 수 있다.

여유 자금이 없거나 생계를 위해 일을 계속해야 하는 사람은 어떨까. 그는 4가지 분야에 모두 뛰어들 시간은 없을 것이다. 이럴 때는 생계를 잇기 위해 하는 일의 부가가치를 높이는 것이 중요하다. 그럴 때에는 **잘하면서 돈이 되는 일에 집중**해야 한다.

원치 않는 직장을 수년째 다니면서 월급을 200만 원 정도 받고 있는 사람이 있다고 하자. 그는 원치 않긴 하지만 그 일의 시장 가치를 인정받고 있기 때문에, 그 일로 월급을 받는 것일 테다. 그렇다면, 그는 자신이 맡은 일로 직장의 울타리 밖에서 수익을 내거나 사업화할 기회는 없는지 모색해볼 필요가 있다. 예를 들자면 지금 액세서리 디자이너로 일하고 있다면, 이 액세서리를 디자인해서 내 쇼핑몰이나 브랜드를 론칭하는 시도를 해보는 것이다.

만약 지금 하는 일에 지쳐서 그 정도로 더 이상 잘하고 싶지 않다면, 지금 하는 일 외에 두 번째로 잘하는 분야를 발견해야 한다. 당장 돈이 되지 않아도 내가 잘하는 일이 또 무엇이 있는지 발견하는 것이 순서다. 잘하는 일 대신, 좋아하는 일을 찾아볼 수도 있겠지만, 좋아하는 일을 돈으로 **바꾸는 단계로 발전시키려면 어렵다.** 반면, 잘하는 일을 돈으로 바꾸는 것은 그보다 쉽다.

그림을 좋아하는 사람이, 이걸로 당장 사람들이 내 그림을 돈 주고 사게 하는 건 어렵지만, 사람들이 좋아하는 그림을 그려서 해외 이미지 사이드에 판매하는 건은 이보다는 쉽다. 잘하는 일로 돈을 벌게 되면, 그 다음은 이 수입을 월급보다 많게 만드는 과정이 두 번째이고, 이 일로 많은 돈을 벌도록 만드는 게 세번째이다. 그렇게 되면 그는 잘하는 것을 돈으로 바꾸는 단계로 안정적으로 진입할 수 있다.

잘하는 것을 돈으로 바꾸게 되면 얻게 되는 선순환 효과가 있다. 잘하는 것이 돈이 된다는 걸 알면 자신이 무엇을 잘하는지 더욱 적극적으로 찾게 된다는 것이다. 그렇게 잘하는 것을 돈으로 바꾸는 수익 분야를 여러 개 개척해두면 이제 원치 않는 일을 할 때보다 일의 성과가 오르고 그만큼의 수익도 올라갈 것이다.

우리네 인생은 짧다. 한 사람의 인생이 바뀌는 변곡점의 시기를 10년 단위로 본다면, **우리가 10년 동안 시도해볼 수 있는 수익 아이템은 고작 5개이다.** 한 개의 사업을 시도했을 때 1년 차를 시행착오를 하는 해로, 2년 차를 적응기로, 3년 차를 수익을 안정적으로 거두기 시작하는 시기로 본다면, 1개의 사업 아이템을 검증하는 데 주어지는 시간은 고작 2년에 불과하다. 어떤 사업 아이템에 도전하기로 결정했다면, 10년 동안 시도해볼 수 있는 기회는 많아야 5번인 셈이다.

내가 좋아하고 잘 할 수 있는 사업을 단번에 찾아내서 성과를 낼 수 있다면 좋겠지만, 그런 행운은 모든 사람에게 찾아오지 않는다는 걸 감안하면, 우리는 확률로 승부를 해야 한다. 10년을 놓고 봤을 때, 5번의 시도 중에서 한 번만 성공한다면 우리는 이 사업이 향후 10년 동안 내 생계를 책임져줄 아이템으로 도장을 찍어줄 수 있을 것이다.

어떤 사업을 해야 할까?

그렇다면 우리는 어떤 일을 해야 하는 걸까. 보통 자기계발 책을 찾아보고 사업을 해서 성공하기로 마음먹은 사람은, 현재 사람들이 무엇으로 돈을 벌고 있는지 먼저 알아볼 것이다. 오프라인 사업과 온라인 사업으로 나눠봤을 때 보통 소자본금으로 할 수 있는 분야는 대개 3~4가지로 압축된다. 오프라인의 경우 소자본으로 할 수 있는 창업은 무인창업이거나 음식점, 카페 등이다. 온라인 사업은 아마존 구매대행, 쇼핑몰 분양 사업, 혹은 렌

탈 비즈니스가 많을 것이다.

온라인인지 오프라인인지에 따라, 혹은 창업 자금에 따라 구분하기엔 너무 단순화하는 위험이 있다고 본다. 온라인은 돈이 전혀 안 들고, 오프라인 창업은 돈이 많이 드는 것도 아니다. 온라인은 오프라인상에서 몇몇 인프라가 무료라는 점에서 돈이 덜 들고, 기회가 많은 건 분명 사실이지만 온라인 비즈니스에서도, 규모의 경제를 이뤄 오프라인 사업의 경쟁 원리로 치열하게 싸우는 업종도 많다. 그러니, 단순하게 생각하지 말고 조금 더 깊이 생각해보자.

<u>독자께서는 어떤 관점에서 사업을 생각하고 있는가?</u>

그 사업은 혼자서 할 수 있는 1인 기업인가, 기업의 형태를 띄지 않고 단순히 일을 해서 대가를 받는 프리랜서처럼 일할 것인가, 자신의 전문 지식을 활용한 지식 콘텐츠로 사업할 것인가, 아니면 오프라인에서 인프라를 갖춘 사업자와 제휴를 맺을 것인가. 사장과 직원을 채용해서 기업의 구조를 만들어놓고, 외부에서 투자를 할 것인가, 자신이 직접 핵심 실무를 담당할 것인가. 이렇게 했을 때의 장점과 단점은 무엇인가.

질문은 아직 끝나지 않았다.

<u>그 일은 내가 하기에 적합한 일인가. 그 일은 왜 내가 해야 하는가. 나 아니면 대체 가능한 사업자가 없는가. 대체 가능한 사업자가 없다면 그 분야의 내 경쟁력은 무엇인가. 대체 불가능한 경쟁력을 가지고 있다면, 이는 지속 가능한가.</u>

이 정도의 질문을 던져보지 않고 수익 사업에 뛰어드는 사람들이 생각보다 많다. 어떤 연예인이 로봇 카페를 한다고 해서, 자기도 그걸 해보겠다는 식이다. 질문과 고민은 생략되고, 이런 무모한 시도가 이뤄지는 이유는 돈이 무서운 걸 몰라서 그렇다. 어떤 걸 해볼까, 라고 했을 때 그 일을 실현하는 데 드는 돈의 가치를 제대로 측정하지 못해서 그렇다. 퇴직금 1억 원으로 가게를 차렸는데, 1억을 벌기 위해서는 어떠한 시간과 노력, 가치들이 수반되어야 하는지를 안다면 절대로 이런 식의 단순화가 있을 수 없다. 다만, '가게 하나를 차리는데 1억은 들지' 하는 식으로 모든 걸 너무나 단순화했을 뿐이다.

질문이 없는 사업은 위험하다

아파트 값이 더 오를까봐 무서워서 시장 가격을 제대로 분석해보지도 않고, 수억 짜리 상품인 아파트를 덥석 사는 '패닉 바잉'도 사실은 돈이 무서운 걸 몰라서 그렇다. 오르는 것만 보고 그게 왜 올랐는지 모르지만 앞으로 오를 것 같아서 산 사람은, 반대의 상황이 왔을 때도 허망하게 값이 추락하는 걸 보면서 그게 왜 떨어지는지를 모를 것이다.

모든 사람은, 각자의 성향이 다르기 때문에 누가 어떤 업종에서 창업을 해야 하는지, 일률적으로 제시할 수는 없다. 제 아무리 창업의 신이 와도 '당신은 빨래방을 차리면 돈을 벌 것입니다'라고 코칭해주는 건 불가능하다. 돈 되는 창업 100선, 앞으로 유망 창업 아이템을 리스트로 제시한다고 한들, 나에게 맞는 아이템을 검증하는 것은 스스로 해결해야 할 중요한 문제다. 틈새시장이기 때문에 도전하면 성공할 것 같지만, 사업의 세계는 그렇게 단순화하기엔 복잡하다. 아이템이 유망하다는 것 자체만으로 위에 언급한 질문들을 생략한 채 돈을 투자하지는 말길 바란다.

나는 온라인 창업이 확률로는 더 성공할 가능성이 높다고 생각하는 쪽이다. 그래서 잠시 후 어떻게 온라인 상에서 비즈니스를 해야 하는지 아이템을 중심으로 설명할 것이다. 그 전에 독자께서 반드시, 꼭 알아야 할 점이 있다. 이게 너무나도 중요해서 설명하기 전에 한 번 더 강조하고 싶다.

내가 하려는 사업의 시장 규모

지금 설명할 내용은 어떠한 창업 서적이나 강의에도 나오지 않는다. 사업 경험이 쌓인다고 해서 저절로 알게 되는 것도 아니다. 그러니, 독자께서 지금 사업을 하는 사람이든, 앞으로 사업을 할 사람이든 이 점을 알고 시작하기 바란다.

우리가 알고 있는 기업의 형태는 대기업도 있고, 중소기업도 있다. 이 책에서 자주 언급하는 1인 기업은 상당히 나중에 등장한 개념이다. 보통은 세대를 막론하고 가장 많이 알고, 접하는 기업은 대기업이다. 대기업은 우리의 의식주 전반을 여전히 장악하고 있다. 옷을 살 때 현대백화점에 가고, 장을 볼 때는 이마트나 스타필드에 가고, 커피 마실 때는 스타벅스에 가며, 차를 살 때는 기아자동차 차를 산다. 퇴근하고 도착한 집은 대기업 건설에서 지은 아파트이다.

집 앞 편의점도 결국 대기업이고, 매일 손에 꼭 쥐고 있는 휴대폰도 대기업에서 만든 것이다. 자본주의 시스템 안에서 상품을 소비하는 삶에서 대기업은 굉장히 중요한 위치에 있다. 중소기업이 만든 가성비 좋은 옷이나, 캠핑카를 구입하거나, 중소기업이 만든 질 좋은 먹을거리를 사는 사람도 존재한다. 이런 사람들이 대기업이 아닌 중소기업이 만든 상품을 선택하는 건 어떤 이유가 있어서인데, 그것은 가성비가 좋거나 대기업 상품군에서 나오지 않는 희귀한 상품이 있거나일 것이다. 대기업과 똑같은 제품 수준에 비슷한 가격이라면, 굳이 중소기업 상품을 선택할 이유가 없다.

<u>사회 전체로 보면, 소비 카테고리에서 가장 돈을 많이 쓰는 30~40세대가 그동안 대기업 상품을 가장 많이 구입해 왔다.</u>

어디에서나 쉽게 구할 수 있으며, 가격이 적당하고, 그러면서도 적당하게 세련미를 갖춘 상품들이다. 왜 스타벅스 커피를 마시는

지에 대해 말하자면, 이 모든 기준이 충족되기 때문이다. 삼성물산이나 LG패션에서 나온 해지스나 빈폴 같은 브랜드 제품을 구입하는 이유도 마찬가지다. 퀄리티가 높으면서 쉽게 구할 수 있고, 이미 검증된 브랜드이기 때문에 반복 소비해도 안심이 된다. 현재 가장 돈을 잘 쓰는 세대인 30~40대에 초점을 맞춰진 이들 대기업 제품은, 이런 브랜드를 의식주 전반에서 전개함으로써 우리 삶을 다스려왔다.

그런데 이 대기업 중심의 소비가 조금씩 무너지기 시작한 것은 온라인과 모바일 환경에 익숙한, MZ세대라고 불리는 2000년 전후에 태어난 10~20대가 나타난 이후 현상이다. 이들 역시 어떤 상품군에서는 대기업 상품을 선호하긴 하지만, 단순히 대기업 상품이라고 해서 지지하지 않는다는 특징이 있다. **이들의 행동 패턴의 이면에는 "왜?"라는 질문이 있다.** 이거 사봐, 대기업에서 나온 거야, 이렇게 말하면 이전 세대는 "오, 그래? 거기 거라고? 한 번 써볼까?"였다. 그런데 MZ세대는 결코 그렇게 반응하지 않는다. "그래? 그래서 뭐가 좋은 건데? 왜 써야 하는데?" 이런 질문들이 적극적으로 쏟아지고, 여기에 호응하는 이야기들이 24시간 내내 이어지는 곳이 바로 온라인이다. 온라인이 있기 전에는 상품을 검증할 수 있는 방법은 단지 그 브랜드냐 아니냐였다. 온라인 세계가 등장한 이후에는 어떤 소비를 할 때 가치와 담론을 더 중요하게 여긴다.

우리는 어떤 사업을 할 것인가를 논하는 상황이다. 간단히 요약한 위 세대의 소비 특징을 이해하는 것이 중요하다. 왜냐하면 앞으로 이들이 사회 주요 소비 연령대인 30~40대에 접어들게 되기 때문이다.

MZ세대가 30~40대가 될 때

대기업이 만든 브랜드가 공급하는 상품의 세계를 **편의성의 세계**라고 해보자. 여기서 대기업은 꼭 전통성이 있는 기존 기업을 뜻하는 것만은 아니다. 우리가 자주 쓰는 배달앱인 배달의 민족 같은 기업이나, 10~20대의 온라인 의류 쇼핑몰로 성장 중인 무신사 같은 곳들도, 상장을 하지 않았더라도 연 매출이 1조가 넘어가는 기업으로 대기업으로 분류해야 맞는다.

편의성의 세계는 우리 삶을 편리성을 중심으로 지배한다. 배달의 민족을 이용하는 이유는 배달의 민족에서 내세운 캐릭터가 귀여워서가 아니다. 배달의 민족의 김봉진 대표가 멋져서도 아니고 단지 '편리해서'이다. 그밖의 다른 이유가 있는가? 없다. 우리는 왜 아파트에 사는가? GS건설에서 만든 자이에 살면 조금 있어 보여서?

아니다. 편리해서이다. 아파트는 교통이 편리하고, 쇼핑하기 편리하며, 학교와 병원 같은 생활기반 시설이 갖춰진 곳에 입지해 있기 때문에 선택한다. 이마트에 가는 이유 역시 '편하게 쇼핑할 수 있어서' 왜 다른 이유에 있지 않다.

이처럼 도시의 삶을 기준으로 볼 때, **바쁘고 피곤한 사람들을 더 편리하게 해주는 비즈니스를 하는 사업체가 주로 대기업**이다. 사업의 원리는 불편한 걸 편리하게 만들어주는 것이기 때문에, 이들 기업은 사람들의 의식주 중 불편한 요소를 편하게 만들어줌으로써 돈을 벌었다. 이점을 잘 알고 있는 창업자들 역시 사람들의 불편을 편하게 만들어주는 비즈니스에 주로 도전한다. 빨래방, 무인카페, 택배배송 등 지금 사람들이 창업을 하겠다고, 혹은 돈을 벌겠다고 뛰어드는 분야를 잘 살펴보면 '편의성의 세계'에서 승리하기 위한 노력들이다.

택배 배달은 무척 고된 노동이지만, 온라인에서 상품을 주문하는 수요가 늘어남에 따라 택배 수요가 늘어서 기사들은 돈을 번다. 대기업이 불편함을 편하게 만드는 택배 비즈니스를 만들었기 때문에 수익이 창출된다. 우리는 롯데를 너무나도 사랑해서 롯데택배가 아니면 물건을 받지 않겠다고 하지 않는다. CJ택배가 오든, 롯데택배가 오든, 본질적으로는 내가 주문한 상품이 제때 도착하기만 한다면, 어느 택배사이든 상관없다. 이 말은 택배기사로 일하는 사람도 롯데택배든, CJ택배든, 경동택배든 어디에서 일해도 배달이라는 업무의 시장 가치는 차이가 없다는 뜻이다. 왜냐하면 편리함이란 기준에서는 큰 차이가 없기 때문이다.

그렇기 때문에 택배업에서 기사로 일한다는 것은, 본질적인 의미에서는 언제 다른 사람으로 대체되어도 무관한 일이란 뜻과도 같다. 대리운전도 언제, 어디서든 다른 사람으로 대체되어도 이상하지 않다. 왜냐하면 내가 취했을 때 운전을 대신해주는 사람을 언제든 부를 수 있다는 편의성의 세계에 속하는 업종이기 때문이다.

편의성의 세계를 간파하라

이런 얘기를 장황하게 늘어놓는 이유는 편의성의 세계에서는 대기업을 이길 수 없다는 말을 하기 위해서이다. 편의성의 세계에서는 **인프라를 빠르게 구축한 사람이 이긴다.** 더 빠르고, 더 효율적으로, 궁극적으로 더 편하게 만드는 일은 이러한 시스템에 자금을 투자해서 효율화를 극도로 끌어올린 사업자가 시장을 잠식하게 되어 있다.

그러므로 치킨집을 창업한다는 것은, 빨래방을 창업한다는 것은, 편의점을 창업한다는 것은, 대기업이 만든 편의성의 세계에서 경쟁한다는 뜻이다. 만약 이렇듯 대기업이 힘이 센 걸 알고 어떤 대기업에 가맹점으로 창업을 했다면, 대기업 브랜드끼리 경쟁하는 상황이 되겠지만, 만약 대기업을 통해 가맹하지 않고 개인으로 창업하는 경우라면, 그 업이 더군다나 '편의성의 세계'에 속한다면 대기업이 만든 시스템과의 경쟁에서 이길 확률이 매우 낮다.

그렇다면, 유명 연예인이 로봇 카페를 창업했다고 해서 무인 카페를 창업하려고 하는 사람은 다시 한 번 생각해야 한다. 이건, 편의성의 세계인가? 편의성의 세계는 불편함을 더 편하게 만드는 일로 경쟁력을 삼는다고 했다. 로봇이 바리스타를 대신해 커피를 24시간 동안 고객에게 편리하게 서비스한다, 가 로봇 카페의 경쟁력이라면, 이건 편의성의 세계에 속하는 창업이다. 그렇다면 다시 질문해보자. 대기업이 로봇 카페 시장에 진출할까? **만약 로봇 카페의 시장 규모가 지금보다 커진다면 반드시 그럴 것이다.** 왜냐하면 자금력이 풍부한 대기업이 가장 잘하는 비즈니스가 '편의성의 세계'이기 때문이다. 그럼 이 사업자는 로봇 카페를 차린 후 대기업과의 경쟁에서 이길 수 있을까?

이미 편의성의 세계가 대부분의 창업시장을 잠식했다. 그리고 그 중심에는 디지털 혁신이 있다. 이제는 집에 청소해줄 사람을 부를 때 앱을 켜서 분야별 청소 전문인력을 고른 다음, 결제를 하면 집으로 방문한다(예전에는 이걸 직업소개소에서 해주었다). 회사에 간식을 정기적으로 배달해주거나(간식24), 프리랜서 인력을 중개해주거나(크몽), 이유식을 배달해주기도 한다(베베꾹). 온라인 창업을 희망하는 사람들도, 마치 오프라인에서 택배 배달의 니즈가 커져서 배달사업자로 일을 하듯, 이러한 편의성의 세계에서 시작하는 경우가 많았고, 지금도 많다.

대표적인 사례가 바로 비교적 최근 창업 시장에서 인기를 끌었던 '구매대행' 분야다. 쇼핑몰 아마존을 통해 미국 상품을 국내로 배송해주거나, 타오바오를 통해 중국 상품을 국내로 배송해주고, 그 수수료를 통해 수익을 올리는 구매대행 사업자는, 국가 간 언어 장벽이라는 불편을 해소해주고 전 세계 최저가 쇼핑이라는 편의성을 제공해주는 대가로 돈을 버는 '편의성의 세계'에 속한다.

앞서 설명했듯 비즈니스의 핵심이 단지 편리함이 전부라면, 이는 규모의 경제를 통해 시스템 효율화를 추구하는 대기업이 장악할 수 있는 영역이다. 현재 이 분야에서 창업을 해서 수익을 얻고 있는 개인이라면, 대기업이 해당 쇼핑몰(아마존과 타오바오)과 제휴를 해서 국내에 론칭하지 않는지 주목해야 한다. 만약 이런 협업의 기미가 보이고 있다면, 그 분야가 곧 시스템 효율로 전복될 수 있음을 알고 위기감을 느껴야 한다(이 글을 마무리할 즈음에는 아마존과 11번가가 협력 관계를 맺었다는 기사가 떴다).

컬처 비즈니스의 등장

그동안은 돈 많은 사업가들의 전성시대였다. 불편함을 편리함으로 바꾸는 편의성의 세계에서는 편리함이라는 인프라를 재빨리 구축하는, 규모의 경제를 만든 자본가가 승리하는 세상이었다. 그런데 나는 조심스럽게 이 세계에 균열이 생기고 있다고 말하고 싶다. 바로 '문화가 된 사업', 컬처 비즈니스가 등장했기 때문이다.

정말 중요한 대목이다.

문화가 된 사업이란 단순히 가치에 따라서 돈과 상품(또는 서비스)를 교환하는 형태의 전통적 비즈니스가 아닌, **라이프스타일이 곧 사업이 되는 비즈니스**를 뜻한다. 현재 MZ 세대를 중심으로 진행 중인 로컬 비즈니스나 소셜 벤처와 같은 형태가 바로 이런 사업이다. 교양 있는 독서인의 유료 커뮤니티인 **'트레바리'**나 조선업 불황으로 침체된 마을을 예술인을 위한 숙박시설로 바꾸어 운영하는 **'알티비피 얼라이언스'**들이 바로 문화가 된 사업이다.

문화를 돈으로 바꾸는 이 세계에 들어가려면 손에 계산기만

들고 있어선 안 된다. 기존의 편의성의 세계에서는 계산만 잘하면 어딜 가나 환영이었다. 이윤 추구를 극대화하는 것만이 목적인 편의성의 세계에서는 원가와 비용을 따져보고 수익을 잘 내면 그만이었고, 환영받았다. 스타트업에 투자하는 투자회사들 역시 특별한 사명감보다는 돈을 잘 버는 신생 기업을 찾아내서 자금을 투자하고, 몇 배의 수익을 회수하면 성공이라고 말했다. 그러나 문화를 돈으로 바꾸는 세계의 언어는 좀 다르다. 여기서는 돈이 되는 비즈니스라도 환경, 인권, 노동윤리의 가치를 저버리고서는 돈을 벌 수가 없다.

아무리 괜찮은 상품과 서비스를 가진 사업가라도 '태도'가 별로인 기업은 금세 외면당한다. 세상에 더는 희귀한 상품이나 서비스는 존재하지 않기 때문이다. 누군가가 진입장벽을 갖고 서비스와 상품을 독점하며 영업하던 시대는 지나갔다. 이제는 누구든 디지털 도구를 갖고, 괜찮아 보이는 비즈니스에 진출하기가 쉽다. SNS 계정 하나만 있으면 전국에서 고객을 상대로 세일즈 할 수 있고, 돈이 없으면 크라우드 펀딩을 통해서 자금을 모집하면 된다.

더 이상 "이게 참 싸고 좋은데 구미가 당기지 않으세요?"라고 호객할 수는 없다. 내 비즈니스에 관한 메시지를 수신할 대상을 '고객'으로 보고 '스팸 메시지'를 날리게 되면 그 사업체의 SNS 팔로워수는 급격히 줄어든다. 바로 이것이 편의성의 세계와 비교하면 큰 차이점이다.

SNS 이전 디지털 도구인 블로그나 온라인 까페가 중심이었던 시절에는, 여전히 편의성의 언어가 통했다. 공동 구매를 해서 특정 상품의 구매 가격을 낮추거나 특가 이벤트로 고객을 이끌어 오는 식이다. 그러나 지금은 온라인 쇼핑이 엄청나게 편리해졌고, 더 이상 상품의 희소성이나 가격만으로 설득하기 어려워졌다. 예전에는 가격이 훨씬 더 저렴하다는 편의성을 갖추었다면, 태도가 좀 별로여도 상대방을 설득할 수 있었는데, 지금은 문화를 돈으로 바꾸는 시대이기 때문에 이 방식이 통하지 않는다.

고객은 뭔가 즐거운 경험, 즐 문화를 팔아주길 원한다. 이러한 언어가 통하는 대표적인 매체가 바로 SNS에서 방송으로 물건을 판매하는 '라이브 쇼핑'이다. 여기서는 고객에게 호객이 아니라 '동참'을 요구해야 하고, 그러려면 고객에게 '문화'를 팔아야 한다.

문화를 판다는 게 어떤 뜻일까?

문화의 속성은 범위가 정말 넓지만, 그렇다고 어렵게 생각할 필요는 없다. 만약 온라인에서 뭔가를 판매한다면, 예능 프로그램처럼 재미를 주거나 감동을 주어야 하고, 오프라인 사업자의 경우 특정한 경험을 통해 상품과 서비스를 제공해야 한다.

그렇다고 편의성의 세계가 완전히 문화를 돈으로 바꾸는 세계로 대체될 거라는 뜻은 아니다. 우리는 여전히 편의성의 세계를 선호하고, 그 세계 안에서 살고 있다. 중고 앱을 통해 동네에서 물물교환을 하고 단 10분이라도 더 빨리 배달이 오는 앱을 이용하려고 한다. 도시의 삶, 디지털 혁신으로 지속되는 삶에서는 편의성의 세계를 지배하는 사업자들이 여전히 패권을 쥘 것이다. 돈은 여전히 그들이 가장 많이 벌 것 같다. 왜냐하면 아직도 불편함을 편리함으로 바꾸지 못한 영역들이 많기 때문이다. 앱을 켜서 택시를 부르는 것뿐만 아니라 택배를 부르고, 퀵서비스를 부르고, 음성인식으로 고등학교 동창을 소환해주는 앱이 나오는 등 의식주 전반에 디지털 혁신이 일기까지는 아직도 갈 길이 멀다.

1인기업의 반격

그렇다면 문화를 돈으로 바꾸는 기업은 왜 필요하고, 누가 해야 할까?

나는 그것이 1인 기업, 내지는 소셜 벤처기업이 해낼 거라고 본다.

라이프스타일에 돈을 지불해야 하는 자본주의 시내에는, 의식주에 돈을 쓰듯 문화에도 돈을 필연적으로 써야 한다. 우리는 먹고 사는 존재만이 아니라 예술을 즐기고, 여행을 가고, 책을 보거나 음악을 듣고 사람들과의 교류가 필요하기 때문이다. 그런데 이건 편리하게만 해준다고 해서 지갑이 열리지는 않는다. 책을 구입할 때는 온라인 서점이 편하긴 하지만, 그 책을 어떻게 읽고 지적인 인간이 되려면 누구와 교류해야 하는지는 독서 모임이 알려준다. 여행을 갈 때 항공권도 여행 앱을 통해 예매하면 되긴 하겠지만, 현지에서 어떤 곳에 가서 어떤 경험을 해야 할지는 그 경험을 설계하는 여행콘텐츠 기업이 도와줄 것이다.

마케팅의 대가인 필립코틀러는 그의 저서 <마케팅 3.0>을 통해 기술 발전을 통해 우리는 인간을 닮은 기술에 끌린다고 말한 바 있다. 자본주의가 발전할 때, 단지 편리함을 제공하는 것은 낮은 단계이다. 그보다 진화된 단계에서는 휴먼 터치, 즉 사람과 사람이 교류하듯 교감하는 기술과 경험이 주목받게 된다. 이것이 바로 내가 말하는 문화를 돈으로 바꾸는 기업만이 할 수 있다.

문화를 돈으로 바꾸는 기업의 특징은 규모의 경제가 안 먹힌다는 것이다. 쉽게 말해 대기업이 자금을 쏟아부어서 육성할 수 없다.

서울 종로에는 익선동 한옥마을이 MZ 세대 핫플레이스로 떠오른다. 그곳의 식당과 카페는 익선다다라는 기업과 글로우서울이라는, 소셜벤처 회사가 기획하고 만든 것이다. 익선동의 태국 음식점인 '살라댕 방콕'의 경우, 연간 매출이 20억이 넘는 것으로 알고 있는데 음식점 하나가 웬만한 중소기업 매출과 맞먹는다.

그런데 이런 마을을 어떤 대기업이 '의도적으로' 조성한다고 해도 실현되기 어려운 이유는 그것이 다양성을 기반으로 한 개인들의 집합체가 만든 것이기 때문이다. 문화를 돈으로 바꾸는 기업은 종전의 평범한 비즈니스, 즉 편리함을 매개로 한 비즈니스 대신, 문화콘텐츠라는 지식 산업을 선택한 '별종'이다. 이런 별종들이 업종별로 어떤 공간에 모였을 때, 그곳에 있는 서점과 음식점, 카페는 대기업이 프랜차이즈라는 이름의 별들로 구성한 아케이드 매장과는 분명 다른 문화적 경험을 제공할 것이다.

1인 사업가는 별종이 되어야 한다

마케팅 구루 세스 고딘이 정리하길, 세상의 모든 비즈니스는 '별종'으로 세상에 등장해 '프랜차이즈'로 진화하는 과정을 겪는다. 누구나 인정하고 선호하는 프랜차이즈를 나이든 노인에 비유한다면, 여러 사람과 연애하면서 자신의 젊음을 과시하는 청년이 바로 '별종'이다.

스타벅스는 시애틀의 특별한 커피 문화가, 나이키는 포틀랜드의 독특한 아웃도어 문화가 태동이 됐다. 별종은 유일무이한 문화적 차별성을 통해 세상에 상품을 내놓고, 이것이 숙성되어 다수에게 선호되는 프랜차이즈로 변신해간다. 이 별종 단계의 기업들이 바로 문화를 돈으로 바꾸는 기업들이다. 이들은 어디에서도 볼 수 없는 경험과 서비스를 제공함으로써 소수의 팬층을 만든다. 처음엔 SNS에 올린 한 개의 게시물이 몇몇의 반응을 얻고, 그 다음 소수의 집단이 이것을 사용해본 후기를 공유하다가 일련의 무리로 뭉친 다음 이 브랜드의 열렬한 지지층이 된다.

이렇게 1000명의 고객을 설득한다면, 틈새 비즈니스로 성공하게 된다고 세스 고딘은 설명한다. 문화로 돈을 버는 비즈니스의 세계에서는, 자세히 들여다보면 1000명 정도의 지지층을 만들 틈새는 항상 존재한다. 그것은 문학에서 웹소설이라는 분야로 발휘될 수 있고, 북스테이라는 새로운 숙박 상품으로 탄생할 수도 있다. 액세서리를 너무나도 좋아한다면 나만의 굿즈를 만들어 플랫폼에 꾸준히 작품을 올리면서 수익을 올릴 수도 있다. 앞서 언급한 분야는 모두 단지 '편의성'을 이유로 소비되지 않는 '문화의 영역'에 해당한다. 그리고 같은 숙박이라고 하더라도, 각자의 독특한 경험적 서비스를 제공함으로써, 호텔이나 게스트하우스와 같은 카테고리로 겹치는 곳이 없기 때문에 경쟁도 덜 하다.

만약 1인 사업자가 현재 어떤 형태로든 사업을 하고자 한다면 이러한 문화를 돈으로 바꾸는 분야에서 창업을 하는 것이 유리하다고 생각한다. 이것이 가장 진화된 방식의 비즈니스이며 인간 욕구에 있어서 궁극에 추구하게 되는 영역이다.

독자께서는 직장 동료와 밥을 먹는 게 행복한가, 좋아하는 친구를 만나서 밥을 먹는 게 행복한가. 전자는 편의성의 세계에 속한다. 즉, 함께 일하는 파트너로서 호흡을 맞추기 위해, 즉 필요에 의해 갖는 식사 자리다. 후자의 경우 내가 경험하는 시간이 즐겁기 때문에 자발적으로 참여하는 자리다. 이것은 문화의 세계에 속한다. 그리고 인간은 편의성의 세계에서 문화의 세계로 점차 진화하게 마련이다.

다시 한 번 생각해보자.
내가 좋아하는 일과 잘하는 일은 무엇인가?
지금 좋아하는 일로 돈을 벌 수 있는 영역은 무엇인가?
나는 문화의 영역에서 어떤 비즈니스를 하고 싶은가?

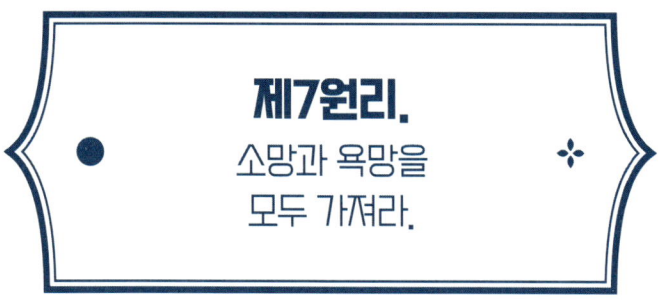

제7원리.
소망과 욕망을 모두 가져라.

사업을 하려면 나에게 소망과 욕망이 각각 있는지 먼저 확인해야 한다.
이를 통해 소망으로 할 수 있는 사업, 욕망으로 할 수 있는 사업을
구분할 수 있다.

• • •

나는 이 책에서 인맥이나 학력, 현재의 실력, 자본의 유무와 상관없이 성공하는 법을 다루고 있다. 그런 방법이 있을 리 없다, 결국 들춰보면 또 자기계발서에서 그동안 익히 해왔던 얘기들의 반복 아니냐, 라고 생각할 수도 있다. 참고로 나는 매년 대한민국에 있는 그 어떤 사람보다 많은 자기계발서를 읽는다고 자신할 수 있을 만큼, 신간과 고전을 막론하고 많은 책을 읽지만 **이 책에서 내가 언급하는 개념을 다룬 책은 한 권도 없었다.**

그래서 이 책에서 다루는 얘기들이 독자들께 낯설게 느껴지는 게 정상이라 생각한다. 이 책의 내용이 익숙하시면 마치 예전에

봤던 영화를 스킵해서 보듯, 이 책도 책장을 팔랑거리며 넘기듯 읽힐 것이다. 왜냐하면 전에 들었던 얘기들이기 때문이다. 그런데 진중한 독자들은 이 책에서 다루는 내용이, 독자께서 읽었던 어떤 책과도 겹치지 않는다는 걸 눈치챌 것이다.

사업가의 심리

나는 한국에서 돈과 학벌, 인맥 없이 성공하려면, 아니 좀 더 정확히 말해서 이것들에 기대지 않고 성공하려면 소망과 욕망의 차이를 이해하는 게 중요하다고 생각한다. 어떻게 보면 이 요소들이 앞으로 내가 언급할 성공의 방법론의 밑바탕이 되는 자질에 해당한다.

사람은 누구나 소망과 욕망을 가지고 있다.

<u>쉽게 말하자면, 소망은 '순수한 바람'이라고 하고 욕망을 '이기적인 바람'이라고 하자.</u>

순수한 것과 이기적인 것의 차이는 딱 한 가지다. 바로 그 일이 보상과 연결되어 있는가 아닌가의 차이다. 내가 사교를 좋아해서 동호회 활동, 동창회 모임, SNS 모임 등에 참여하는 것은 순수한 바람이다. 그런데 그 모임에 나가는 목적이 내가 영업직을 하기 때문에 판로를 개척하고, 누군가를 소개받기 위해서라면 그것은 욕망이라고 할 수 있다.

이렇게 써놓고 보니까 욕망을 가진 사람은 안 좋게 보이고, 소망을 가진 사람은 좋게 보인다. 누구나 순수한 사람을 더 좋아한다. 왜냐하면 우리는 **누구나 자신이 타인에게 도구화되는 것을 원치 않기 때문**이다. 즉, 자신의 욕망을 위해 나를 이용하는 사람에게는 반감이 드는 게 자연스럽다. 그런데 초점을 조금만 옮겨 보자. 방금 독자께서는 순수하지 않은 욕망으로 모임에 참가한 사람을 부정적 시선으로 바라봤다.

그런데 이번에는 그 욕망을 가진 사람과 함께 일하는 영업회사의 상사라고 생각해보자. 이 상사는 부하의 영업 실적이 곧 팀의 실적 나아가 자신의 실적과 연결되기 때문에 부하가 최대한 열심히 일해주길 바란다. 당연히, 영업사원인 부하가 주말에는 이런저런 동호회에 나가 인맥도 쌓고, 주변에 명함도 돌리면서 자기 회사 상품을 직간접적으로 어필하기를 기대할 것이다. 그럼 상사인 당신의 입장에서는, 부하가 모임에 가입해 순수하게 사람을 사귀고, 그 사람에게 저녁 식사 자리에 초대받고도 자기가 파는 상품에 대해 말 한마디 못하면서 즐거운 시간을 보냈다고 하면, 이 부하가 그리 곱게 보이지는 않을 것이다. 나아가 어쩌면 이 부하나 부도덕하다고 생각할 수도 있을 것이다.

여기서 이 상사의 관점에서는, **욕망이 더 좋은 것이고 소망은 나쁜 것**이다. 왜냐하면 이 경우, 순수함이 모두에게 도움이 되지 않기 때문이다.

당연히 영업활동은 평소에 영업 현장에서 하는 것이고, 주말 동호회나 취미 모임에서는 그런 개인적인 욕망을 드러내는 게 나쁜 것이죠, 라고 되물을 수도 있을 것이다.

그런데 누군가의 취미는 누군가의 직업일 수 있다. 당신이 카페를 운영한다고 하면, 당신은 순수하게 커피를 좋아하는 손님이 커피 한 잔을 시켜놓고, 몇 시간씩 커피 예찬론을 늘어놓는다고 하면, 그걸 순수하게 바라볼 수 없을 것이다. 아, 커피 다 마셨으면 이제 자리를 비켜줘야 다른 손님이 그 테이블에 앉을 텐데, 라는 생각이 절로 들 것이다. 그것은 그 카페를 운영해서 가게 월세를 내고 생활비를 벌어야 하는 당신의 욕망과 충돌하기 때문이다. 이 경우, 커피애호가의 순수함이 카페 사장인 당신의 욕망과 대립하는 상황이다. 어디에서 순수함을 드러내고 되고, 어떤 경우 욕망을 드러내면 안 되는 걸까.

<u>나는 여기에 중요한 사업가의 비밀이 숨어 있다고 생각한다.</u>

사업가의 욕망

인맥과 자본, 학력에 기대지 않고 성공하려면 필수적으로 소망과 욕망이 필요하다. 소망만 있어도 안 되고, 욕망만 있어도 충분하지 않다. 현재 원치 않는 일을 하지만, 생계를 위해서 일하는 사람들한테 물어보면 대부분 좋아하는 일로 돈을 벌고 싶어한다. 혹은 자기가 잘할 수 있는 일을 직업으로 삼고 싶어할 것이다. 저는 서핑이 너무 좋아서 서핑으로 돈을 벌 수만 있다면 행복할 것 같아요, 저는 독서가 너무 좋은데 책과 관련되어 일할 수 있다면 행복할 것 같아요. 보통 이렇게 말한다. 여기서는 욕망이 아니라 소망이 드러난다. 이 말이 소망인 이유는 그 일로 큰 돈을 벌지 않아도 괜찮고, 먹고 살수만 있어도 좋다는 뜻이기 때문이다.

그런데 역설이 하나 있다. **소망은 돈을 목적으로 하지 않기 때문에 역설적으로 돈을 버는 직업이 될 수 없다는 것이다. 소망이 직업이 되려면 반드시 욕망이 필요하다.** 방금 전 우리는 동호회나 동창회에 영업 상품을 판매할 욕망을 가진 사람을 안 좋게 봤었다. 그리고 이 관점을 바꾸어 영업 상품을 팔아야 하는 이 회사의 상사의 관점에서 욕망은 없이 순수하게 관계 맺기를 행복해 하는 부하 직원을 안 좋게 봤었다. 그 이유는, 소망이 자라서 열매를 맺히게 하기 위해서는 반드시 그 일로 돈을 벌어야 한다는 욕망이 필요하기 때문이다.

욕망은 소망이 현실이라는 큰길 한복판으로 이끌어내는 동력이다. 내 방안에서 스케치북을 펼쳐 놓고 그림을 그리는 게 행복한 사람은, 그 그림을 매일 블로그에 올려서 사람들 눈에 띄어야 한다는 욕망이 없다면 결코 그림으로 돈을 벌 수 없다. 이것은 **내가 얼마나 그림을 순수하게 좋아하는지 여부와는 무관한 얘기다.** 단지, 그림으로 직업을 삼을 수 있을지 없을지를 결정짓는 요소일 뿐이다.

내가 좋아하는 활동이 꼭 직업으로 연결될 필요는 없다. 그게 단지 좋아하는 일을 하는 시간을 더 많이 갖고 싶다는 것일 뿐이라면 말이다.

주말에 시간 날 때 그림을 몇 시간씩 그리면 너무나 행복해서, 평일에도 그림을 5~6시간씩 그릴 수 있으면 좋겠다, 라고 생각하는 사람은 그림 그리는 시간을 더 많이 확보하는 방법을 고민하면 된다. 이 사람이 그림을 직업으로 삼을 방법을 고민한다면, 이것은 목표를 잘못 정한 것이다. 이 사람은 지금 하는 일의 시간을 줄이거나, 조금 더 여가 시간을 내거나 하는 식으로 그림에 대한 순수한 열정을 키우면 된다. 내가 그린 그림을 매일 블로그에 올린다는 것은,

<u>이 그림을 어떻게든 사람들에게 보여주고 인정받아서 상업적 가치를 만들어내겠다는 욕망이 있어야 한다는 뜻이다.</u>

이 욕망은 내가 어떻게든 그림 그리는 일로 생계를 이어야 한다는 욕망일 수도 있고, 내 그림을 더 많은 사람에게 알려서 그림을 팔아서 부자가 되겠다는 욕망이 될 수도 있다. 이 욕망의 크기는 사람마다 다르다. 어떤 사람은 책을 써서 판매하면 직장 다닐 때 월급만큼만 받으면 만족하고 적당하다 생각하다고 하는 반면에, 어떤 사람은 내 책을 꼭 유럽과 미국 전역에 번역해서 출간하도록 만들고야 말겠다는 욕망을 가질 수도 있다.

중요한 것은 성공하기 위해서는 크든 작든 반드시 욕망을 가져야 한다는 것이다. 여기서 욕망은 앞서 우리가 살펴봤던, 영업회사 상사의 욕망과 같다.

욕망에는 저급한 욕망, 고상한 욕망이 따로 있지 않고, 모두 자신의 이득을 극대화하고자 하는 마음으로 수렴된다. 그런데 어떤 사람이 자기가 그린 그림을 매일 블로그에 올리는 것은, 욕망에서 비롯되어도 인정되고, 영업회사 직원이 동호회에서 매일 영

업 멘트를 날리는 것은 왜 욕먹는 것일까? 같은 욕망에서 비롯된 것인데 겉으로 보이는 차이가 나는 이유가 뭘까?

아마 그것은 모두의 무의식에서, 영업사원은 돈만 벌려고 순수한 모임의 취지를 훼손시킨다고 생각하기 때문이다. 반면, 그림을 블로그에 올리는 사람은 **자신의 소망을 인정받기 위한 노력**으로 보인다. 즉, 이 경우에는 욕망에 앞서 소망이 먼저 눈에 보인다. 반면 영업사원에게는 욕망만 보이고 소망이 보이지 않는다. 자신의 영업으로 모임의 가치를 높인다거나, 다른 사람들의 라이프스타일이 획기적으로 나아지는 데 기여하겠다는 순수한 소망보다는, 모임 내에서 상품을 좀 더 수월하게 팔아서 돈을 벌려고 하는 욕망만 눈에 보이기 때문이다.

<u>이 차이는 매우 중요하다. 욕망은 그 자체로 목적을 달성하기 어렵다.</u>

욕망은 매우 중요하지만 그 자체로는 목적을 달성하기가 어렵다. 독자 중에서는 거부가 되고자 마음 속으로 진심으로 바라는 사람이 있을 것이다. 어떤 사람은 100억 부자가 된다고 하면 나랑 상관없는 판타지쯤으로 쉽게 웃어넘기지만, 자신이 100억 부자가 되는 일이 진지하게 생각하는 사람도 있다. 이 사람은 마음 속에 욕망이 뜨겁게 타올라서, 수단과 방법을 가리지 않고 100억을 손에 쥘 수만 있다면 뭐든 할 준비가 되어 있다.

내 주변에 이런 사람이 꽤 있는데 이들은 눈빛이 보통 사람과는 완전히 다르다. 욕망 순도가 100점인 눈빛을 보면 인간적 매력이 완전히 상실된다. 이 사람의 머릿속에는 오직 돈밖에 없어서 심지어 화장실에서도 그 생각만 할 것 같다. 그는 돈이 안 되는 일에는 호기심이 눈곱만큼도 생기지 않는다. 이 사람은 평생 모은 전 재산을 사회에 기부하는 사람이 이해가 가지 않고, 집에 놓을 자리도 없는데 미술 작품을 계속 사들이는 애호가의 마음을 이해하지 못한다. 왜냐하면 지금 자신에게 소망이 없고 남은 건 욕망뿐이기 때문이다.

이렇게 써놓고 보니 욕망을 가진 사람이 또 나쁘게 보이는 것 같다. 그러나 다시 강조하자면 욕망은 매우 중요하다. 소망 없이 욕망만 충만한 사람이, 그 반대의 경우보다 성공할 확률이 높다. 그러나 욕망은 그 자체로 불완전하다. 성공을 추구하지만 삶의 의미를 찾지 못하는 사람들은 모두 욕망뿐인 삶을 산다. 쉽게 말하자면, 앞서 100억을 벌고 싶은 사람에게 '대체 왜 100억을 벌려고 하는건데?'라고 물으면, 속 시원한 답을 들을 수 없다. 마치 게임머니를 벌듯이 빌딩을 몇 채 사고 싶어서 100억을 달성하고자 하는 경우가 대부분이다. 그래서 욕망에는 소망이 필요하다.

소망은 욕망에 비해 무능한 것처럼 보이지만, 욕망은 소망 없이는 집 나간 탕자처럼 방황할 따름이다. 소망은 욕망을 통제하고, 욕망의 방향을 결정하는 매우 중요한 원인이다.

그렇다면 어떤 사람이 소망을 가진 사람일까. 어렵게 생각할 필요 없다. **어떤 것을 이유 없이 추구하게 된다면 당신은 소망을 품은 사람**이다. 좋아하는 운동기구가 있는 곳에서 운동하기 위해 1시간이나 걸리는 거리도 기꺼이 감수하는 것, 입을 옷은 충분한데 또 새로운 패션 브랜드가 없는지 검색하는 것, 해외여행을 가기 위해 매달 용돈을 극도로 아끼는 것. 이것은 모두 무언가에 대한 열정이다. 열정 또한 소망처럼 순수함이 바탕이 된다. 열정이 그 행위 자체로 만족이 되는 반면, 소망은 그 행위를 반복함으로 인해 **무엇인가를 추구한다는** 차이가 있다.

1시간이나 걸려서 운동을 하면서 내가 헬스 트레이너가 되겠다는 결심이 서는 것, 새로운 옷을 계속 구입하다가 빈티지 쇼핑몰을 차리는 것, 해외여행을 끊임없이 가다가 여행 가이드가 되거나 여행 전문 작가가 되는 것. 이것이 순수한 열정을 소망으로 연결시키는 행위이다. 아쉽게도 욕망을 소망과 혼동하는 경우가 참 많다.

"독서 모임이 유행이니까 독서 모임을 만들어서 돈을 벌어보자!"

어떤 비즈니스를 기획할 때 대부분이 이렇게 생각한다.

"요즘 무인카페가 유행이고, 나도 커피를 좋아하니까 무인카페를 차려보자!"

이런 생각으로 창업했을 때 성공할지 여부는 둘째치더라도, 이렇게 생각하는 사람이 워낙 많기 때문에 경쟁이 치열할 거라는 건 앞서도 설명한 바 있다.

내가 커피를 좋아한다면, 당장 무인카페를 차리기 전에 먼저 커피를 좋아하는 소망을 커피로 돈을 벌겠다는 욕망과 연결시켜야 한다. 내가 독서를 좋아한다면 서점을 열거나 작가가 되는 것을 생각해보는 것이다. 혼자서 책을 읽는 행위는 책을 읽는 경험을 타인과 나누는 것과는 엄연히 다르다. 독서 모임이 돈이 될 것 같다는 '욕망'을 가진 사람이 스스로 독서를 좋아하는지 거꾸로 고민해보는 것은, 욕망이 소망에 목줄을 얹고 끌고 다니는 것과 같다. 이런 방식으로는 좋아하는 일로 돈을 벌 수 없다.

소망이 없으면 돈을 벌 수 없나?

그렇다면 실리콘밸리의 수많은 스타트업들은 모두 소망을 욕망으로 연결시켜서 성공시켰다는 말인가? CEO들 말을 들어보면 단지 그 분야의 기회와 가능성을 보고 창업했다고 하던데? 그렇다. 모두가 소망을 토대로 욕망의 사업을 하는 건 아니다.

잠시 후 설명하겠지만, 생각의 크기를 키우게 되면 욕망을 다스리는 사업을 하면서 재능을 활용해 잠재적 기회를 잡아서 성공할 수도 있다. 그러나 **1인 기업의 사업은 투자와 인맥, 경험을 기반으로 하는 전형적인 창업의 절차가 아니다.** 실리콘밸리의 그 어떤 사업가도 투자 없이 자기 자본만으로 스타트업을 성공시키지 못한다. 누군가에게 돈을 빌리기 위해서는 특출한 학력이나 경험이 거의 매번 필요하다. 독자는 혼자서 사업을 시작해야 하고, 그렇게 시작한 사업이 투자를 받는 스타트업이 될지 어떨지는 누구도 모른다. 어쩌면 1인 기업으로 시작한 사업 규모가 계속 이어질 수도 있다. 1인 기업으로 3년 이상 지속하게 되면, 1인 기업이라는 규모로 계속 사업을 하는 게 가능해지는데, 굳이 성장을 하지 않고도, 자신이 좋아하는 일을 좋아하는 방식으로 사업하려면 자신의 소망과 욕망을 알아야 한다.

그리고 1인 기업은 반드시 소망과 욕망을 연결하는 법을 배워야 한다. 다시 말하지만 욕망이 소망의 목줄 잡는 식으로 순서가 바뀌면 안 된다. 자신이 소망하는 분야를 욕망으로 성공시켜야만 부자가 될 수 있다. 물론 나는 부자가 되지 않아도 상관없다고 생각한다면 반드시 소망을 욕망과 연결시킬 필요는 없다고 본다. 소망을 간직한 채로 큰 욕심을 부리지 않고도, 프리랜처럼 일하는 것도 얼마든지 가능하다.

나는 세상의 모든 비즈니스는 성장해야만 한다고 생각한다. 프리랜서나 긱 노동자는 성장하지 않아도 된다. 고용주로부터 받은 돈을 제때, 내가 필요한 만큼 일한 대가를 받으면 되기 때문이다. 하지만 1인 기업으로 내 이름을 건 사업자를 서류 등록하고 일한다면, 세상에 애를 낳은 것과 같다. 애를 낳았으면 어떤 방식으로든 길러서 그 아이가 성장하도록 해야 하는 것처럼, 사업자등록을 마치고 매출 신고를 단 1,000원이라도 했다면 그때부터 이 사업체가 어른이 되도록 계속해서 성장시켜야 할 책임이 사업자에게 있다. 그러면

<u>1인 사업가에게는 강제적으로 욕망이 탑재된다. 욕망 없이는 사업을 성장시킬 수 없기 때문이다. 그저 근근히 생계를 유지할 뿐이다.</u>

욕망은 나에게 득이 되는 행위를 극대화하는 것이다. 쉽게 말

해서 사업가는 돈을 계속 벌어내야 한다. 그러므로 돈 욕심이 없는 사업자는 머지않아 망하게 되어 있다. 이것은 마치 식욕이 없는 간난아이와 같아서 아무리 목욕을 시키고, 옷을 예쁘게 입혀도 먹지 않은 아이가 죽을 수밖에 없는 것과 같다.

현실은 냉정하다. 아이들이 모인 어린이집을 상상해본다. 내가 가장 잘 먹고 잘 커요, 하는 아이들이 서로 경쟁이라도 하듯 밥을 먹고 뛰어놀면서 성장판을 자극한다. 마찬가지로 현실에서는 내가 가장 잘 벌어요, 하는 사업가들이 눈에 불을 켠 채로 어떻게 하면 성장할지 매 순간 고민하는 경쟁의 장이 펼쳐진다. 이런 상황에서 돈 욕심이 전혀 없는 순진무구한 사업가가 소망만으로 살아남을 수 있을까.

사업을 하려면 욕망을 추구해야 한다는 건 알겠는데, 어느 정도가 적당한가요, 이렇게 묻는 독자도 있을 것이다. 돈 욕심을 부린다는 게 수치로 측정 가능한 것도 아니고 상대적인 것일 텐데 말이다. 여기엔 정답이 없다. 각자가 가진 소망의 온도가 다르듯, 욕망의 온도 또한 다르다고 말할 수 있을 뿐이다. 그러나 기억할 점은, 우리가 뜨거운 소망을 가진 사람을 흠모하듯, 사업가라면 뜨거운 욕망을 가진 사람을 흠모해야 한다는 것이다.

뜨거운 욕망은 숭고하다. 뜨거운 욕망은 에덴동산의 아담과 이브처럼 헐벗은 소망에 실크 가운을 입혀준다. 머릿속으로만 상상하던 엘리스의 세계를 실제 눈앞에 실현해주는 것 또한 욕망의 힘이다. 욕망하기 전에 소망하는 상태에서는 꿈속에서나 이상향이 엿보일 뿐이다. 이 욕망으로 고객에게 가치를 제공하고, 그 대가로 정확히 얼마를 요구할 것이며, 되도록 더 많은 고객을 대상으로 거래를 해서 고객을 포함한 이해관계자 모두를 만족시킨 결과 자신이 많은 돈을 얻겠다는 발상은 그 자체로 위대한 것이다. 그러므로 성공을 하겠다는 사람에게 반드시 필요한 것은 소망을 바짝 뒤따르는 욕망이다.

"그렇지만 난 지금 당장 소망이 없는걸요. 딱히 뭔가 열정도 없는 것 같고."

아마 이렇게 생각하는 사람도 있을 것이고, 내 생각에는 독자 중 대다수의 비중을 차지하지 않을까싶다. 모두가 열심히 살고 있는데 갑자기 소망과 열정 운운하는 것이 낯설게 느껴질 수도 있을 것이고, 지금 내가 먹고 사는 데 큰 영향을 끼치지도 않는 것처럼 보인다. 사실 이런 얘기는 매일 매일의 노동과 일상의 고단함과는 전혀 무관한 얘기이기도 하다. 소망하지 않는다고 해서 당장 해고되는 것도 아닐뿐더러, 욕망이 없다고 해서 당장 가진 돈을 몽땅 잃는 것도 아니다.

하지만 독자에게 기회가 있다. 소망은 없어도 당신은 성공할 수 있고, 그래야만 한다. 현실적이고 냉정한 소리를 이미 들을 만큼 들어서 맷집이 제법 생긴 독자께서는, 버텼을 때 얻을 수 있는 결과물을 기다리고 있을지 모른다. 소망도 없고, 욕망도 평범한 것 같지만 내 방식대로 성공하는 것도 가능하지 않을까, 이렇게까지 생각해본 사람이라면 이 책을 조금 더 읽어도 된다. 이 다음 장에서 나는 욕망의 사업을 다스리는 법에 대해 설명하려고 한다.

: 다시 한 번 생각해보자.

나에게 소망이 있는 사업은 무엇인가?
내가 소망을 갖지 못하고 있다면 그 이유는 무엇인가?
지금 소망을 가졌다면 그 일로 사업을 할 수 있는가,
그렇다면 어떤 사업을 할 수 있는가?

제8원리.
위대한 생각으로
욕망의 세계를 다스려라.

욕망으로 이뤄지는 사업의 원리를 파악한다. 이를 통해 다른 사람의 욕망을 생각으로 지배할 수 있는 사업을 준비할 수 있다.

• • •

혹시 독자께서는 '다스린다'는 말을 들어본 적이 있는지. 왕이 나라를 다스린다, 고 할 때 바로 그 '다스린다'이다. 통치하다, 라는 뜻과 비슷한데 이 경우 지배자와 피지배자의 관계 설정을 염두에 둔 표현이다. 이렇게 말하면 제국주의, 전근대적 생각을 가지고 사는 몹쓸 인간이 될 위험을 무릅쓰고 나는 이 표현을 **세상이 운용되는 원리**로 다루고자 한다.

우리가 사는 세계는 생각으로 다스려지는 세계이다. 유튜브를 소유한 기업은 구글인데, 우리는 매일 유튜브에 접속함으로써 영상 언어를 만든 구글의 생각에 다스려지고 있다. 어떤 사람은 그걸 참여한다, 라고 표현할지 모른다. 나는 구글의 CEO인 순다 피차이는 누군지 모르고, 그 사람의 지시를 받지 않으며, 그 사람에게 지배를 받는다는 말은 맞지도 않고 기분 나쁘다, 라고 받아들일 수 있다. 단지 유튜브에 접속하는 것일뿐, 구글과 나는 무관하다, 라고 말하는 건 옳고 정확한 표현이다. 구글이 우릴 밥 먹여주거나 우리에게 잔소리를 하거나 돈을 달라고 하는 건 아니니까. 구글과 내 인생은 아무런 관련이 없다. 적어도 이론적으로는.

하지만 많은 유튜버들이 올린 온갖 영상을 보면서, 때로는 공감하고 댓글을 남기면서, 그 영상의 스토리를 타인에게 전하면서 우리는 **구글의 언어에 의해 무의식적으로 영향을 받는다**. 유튜버가 폭로한 사실을 뉴스보다 사실처럼 믿기도 하고, 유튜버가 가르쳐준 대로 기타를 연주하거나 요리를 하기도 한다. 우리는 스스로 요리를 한 적이 없더라도, 요리 분야의 인기 유튜버의 영상 속 설명을 그대로 따라 하면 그럴싸한 요리를 만들 수 있음에 감탄할 수도 있다.

이것이 긍정적인 변화이든 부정적인 변화이든 간에 어쨌든 영상이 가르치는 방식이 우리 생활에 변화를 일으키고 있다는 점에서 우리는 유튜브가 만든 영상의 세계에 다스림을 받는다. 물론 유튜브는 대놓고 이렇게 하라고 우리를 통치하지는 않지만 우리가 자발적으로 영상을 구독하고, 좋아요를 누르고, 댓글을 남기거나 무료체험을 하게 함으로써 우리가 기꺼이 그 세계의 규칙을 따르게 만든다. 이런 의미에서 유튜브는 우리를 다스리고 있다.

유튜브는, 그 자체적으로는 어떤 콘텐츠를 생산하지 않지만 다른 사람들이 생산한 콘텐츠를 플랫폼이라는 곳간에 모으고, 이 곳간을 열어보는 대가로 광고주에게 돈을 받아서 콘텐츠 생산자들에게 나누어준 다음, 나머지는 자신들의 주머니에 집어넣는다. 요즘은 유튜브에서 수십, 수백만 팔로워를 가진 사람들이 출현해 광고비로 매달 큰돈을 버는 기업가들도 등장했다. 그러나 유튜브가 어느 날 갑자기 문을 닫는다면, 팔로워가 천만이든 백만이든, 이 영상 콘텐츠를 만든 사람의 수입은 0이 된다. 그러나 반대로 유튜브는 팔로워를 가진 어느 영상 콘텐츠 제작자가 어느 날 갑자기 계정을 닫는다고 해도 수입이 0이 되지 않는다. 그런 제작자가 아직 많이 남아 있기 때문이다. 이런 의미에서 유튜브라는 나라를 다스리는 왕은 구글이고, 그 백성은 유튜버와 시청자들이다.

유튜브는 유튜버들과 시청자들을 다스리고 있다.

시청자들은 유튜브가 만든 룰에 따라 광고를 일정 시간 강제로 봐야 하기도 하고, 유튜버들의 경우 역시 유튜브가 만든 룰에 따라서 자신들의 영상 콘텐츠의 질을 점검해야 한다. 그러니까, 여기서 룰을 만든 사람은 유튜브인데 이 룰을 공정하게 만들고, 이 룰에 따라서 콘텐츠 제작자인 유튜버와 그 콘텐츠를 시청하는 구독자가 모두 납득하도록 만든 유튜브, 더 정확히는 구글의 생각이 나머지 생각을 이끌고 있다. 다시 말해, 구글의 생각은 유튜브 가입자들의 생각을 다스리고 있다.

유튜브 세계의 왕은 누구인가

조금 더 생각해보자. 콘텐츠의 세계에서 유튜브는 보이지 않는다. 우리는 유튜버가 만든 콘텐츠를 볼 뿐이고, 그 순간 유튜브라는 건 머릿속에서 잠시 지워진다. 유튜브는 우리가 유튜버의 콘텐츠와 만날 때까지 우리를 불러낼 뿐, 콘텐츠를 실컷 즐길 때는 슬그머니 뒤로 물러나서 존재감을 지운다. 그러니 유튜브의 세계에 우리들이 편안하게 활동하면서 무료로 영상을 실컷 볼 수 있는 것이다. 만약 유튜버의 어떤 영상을 볼 때마다, 유튜브 관리자가 불쑥 등장해서 영상을 보려면 당신은 이런 이런 걸 해야 한다, 라고 지시를 한다면 어떻게 될까? 이용자들은 짜증을 낼 것이고, 유튜브를 탈퇴하고 말 것이다. 그러나 이 섬을 잘 알고 있는 유튜브는 마치 공기처럼, 눈에 보이지 않은 존재로써 우리가 유튜버들의 콘텐츠를 편안히 즐길 수 있도록 판을 깔아두었다.

구글의 생각 > 유튜버들의 생각

그러니 여기에서 가장 최고의 갑은 구글이다. 갑을 논리가 구닥다리라고 해도 잠깐만 참아주시라. 우리는 생각이 세상을 다스린다는 전제에 동의한 채 이 글을 읽고 있고, 여기에서 생각의 힘에 따라 권력 관계는 형성되니까. 그런 의미에서 이 모든 판을 깔고, 규칙을 세우고, 여기에 수천, 수억 명의 가입자들을 동의하게 만든 구글은 생각의 수준이 가장 위쪽에 위치한 권력자이다.

구글의 생각 > 100만 구독자 유튜버의 생각 > 10만 구독자 유튜버의 생각

그렇다면 그 아래에는 누가 있을까? 예상하다시피 유튜버들이 있다. 100만 명의 팔로워를 '다스리는' 유튜버는 10만 명의 팔로워를 '다스리는' 유튜버보다 힘이 세다. 그렇다고 10만 명의 팔로워가 있는 유튜버가 100만 명의 팔로워를 가진 유튜버보다 생각이 없다는 뜻은 아니다. 단지 이 유튜브가 만든 영상 언어의 세계에서, 유튜브가 권장하는 파워 유튜버가 되는 공식을 잘 알고 있고, 이 공식을 이용해서 사람들을 불러 모이는 사람의 생각이 가장 뛰어나다는 뜻이다.

구글의 생각 > 100만 구독자 유튜버의 생각 > 10만 구독자 유튜버의 생각 > 구독자

그렇다면 유튜버라는 계급 바로 아래는 누가 있을까? 유튜브가 있게 만든 원동력이자 유튜버가 계속해서 영상 콘텐츠를 올릴 수 있게 만드는 원인, 그리고 수많은 광고주들이 유튜브에 돈을 지불하는 원인이 바로 이 구독자에게서 나오니까 최고의 권력자는 구독자일 수 있다. 그렇지만 이 구역의 최고 갑인 유튜브를 중심으로 권력 구도를 그려보자면, 고객 가치, 그러니까 돈을 가장 많이 가져가는 순서는 위와 같이 정해져 있다.

전혀 생소한 말은 아닐 것이다. 다들 이 정도는 알고 있다. 지금 가장 돈을 많이 버는 플랫폼 기업을 하거나, 파워 유튜버가 지금 당장 되어야 한다고 주장할 생각은 없다. 그러나 이러한 권력의 편성에 있어서 그 힘의 원리가 무엇에 의해 돌아가는지를 깊게 생각해보는 것은 중요하다. 왜냐하면 **그 힘의 원리를 알아야만 우리가 이 플랫폼을, 거인의 어깨에 올라타듯 이용해서 그 가치의 낙수 효과를 조금이라도 더 많이 얻을 수 있기 때문이다.** 우리는 생각을 다스릴 수 있어야 하고, 이렇게 다스려지는 생각의 계보를 추적할 수 있어야 한다.

만약 어떤 사람이 유튜브에서 빵집 탐방과 먹방을 해서 100만 명의 구독자를 얻었다고 가정해보자. 이렇게 되면 이 사람은 유튜브 영상을 통한 광고 수익과 제휴 수익 등을 포함해 최소 한 달에 1억 이상을 버는 게 가능해진다. 모든 유튜버의 꿈이자 대한민국 대다수의 직업인들이 바라는, 좋아하는 일을 하면서 엄청난 돈을 버는 판타지가 실현되었다. 그럼 보통의 사람들은, 유튜버가 먹방을 재미있게 찍는 타고난 재능과 끼를 부러워하면서 어떻게 하면 그렇듯 잘 먹고, 영상도 잘 찍을 수 있는지 궁금해한다. 그리고 유튜버가 되는 법에 대한 책을 사서 보고, 강의를 듣고, 영상 기자재를 구입하면서 최대한 그 유튜버처럼 영상을 찍으려고 노력한다.

<u>그러나 이것은 생각의 본질을 놓친 것이다.</u>

우리가 궁금해해야 하는 건 그게 아니다. 지금 당장 독자께서 어느 날 빵에 눈을 떠서 온갖 빵집을 섭렵하고, 영상 공부를 피튀기게 한 다음, 빵먹방 전문 유튜버가 되었다고 해도 100만 구독자를 모을 가능성은 희박하다. 앞서 100만 명의 구독자를 확보한 유튜버의 경우도, 유튜브 계정이 삭제되거나 유튜브 활동을 멈추게 된다면, 혹은 먹방이 아닌 종목으로 바꾸어 영상을 찍는다고 하면 똑같은 구독자를 모을 수 없을 것이다.

어느 날 갑자기 100만 팔로워가 만들어진 데에는 콘텐츠 외적인 변수도 상당히 많이 존재한다.

우리가 궁금한 건 언제 어디서나 변함없는 원리이다. 언제 어디서도 같은 방식을 접목했을 때 변함없는 결과를 가져오는 이유. 유튜브를 하든, 블로그를 하든, 실제 빵집을 하든 항상 사람들을 불러 모으는 능력은, 단지 관심을 끌어서 구독자를 늘리는 단순한 능력을 넘어선 것이다. **여기서 제1원리를 넣어서 검토해**

보자. 유튜브라는 영상 언어의 세계에서 사람들이 왜 먹방 콘텐츠에 주목하는지를 생각하다 보면, 사람들이 시대를 막론하고 궁금해하는 것이 바로 '음식'이라는 점에 생각이 가 닿을 것이다.

먹방의 본질은 무엇일까.

일찍이 유대인들은 음식과 여성을 대상으로 하는 사업은 망하지 않을 거라고 해서, 이 분야의 창업자가 많았다. 그럼 그 많은 사람들이 먹방을 보는 이유도 결국, 더 많이 먹고 싶고 더 다양한 걸 먹고 싶고, 더 새로운 음식을 먹고 싶어하는 이유 때문 아닐까. 그렇다면 사람들이 좋아하는 다양한 음식과 새로운 음식을, 새로운 방식으로 제공할 수는 없을까.

그것으로 사업을 하거나 수익을 만들 순 없을까. 예컨대 공유주방을 활용해서 유튜브 먹방에서 인기가 높은 메뉴를 새롭게 재탄생시켜 팔아보면 어떨까.

아니면 푸드트럭을 끌고 다니면서 유튜브를 하면 어떨까. 푸드트럭에서 판매하는 음식을 영상으로도 찍고, 그걸 오프라인에서도 팔면 어떨까.

"뭐야, 또 장사하라는 건가. 음식점 했다가 망한 사람이 얼마나 많은데 이 사람은 장사를 해보고서 그런 말 하는 거야?"

나는 장사를 해본 적은 없다. 그러나 요즘도 식당을 내서 하루 매출이 수백만 원을 찍는 사업가를 무수히 많이 알고 있다. 요점은 먹는 장사를 하라는 건가, 가 아니다.

이런 식으로 유튜브에서 벌어지는 폭발적 조횟수 이면에 숨겨진 사람들의 욕망을 읽어내면 새로운 기회가 보인다는 것이다.

만약 내가 독특한 메뉴를 개발했는데 아무도 나를 모르고, 내가 만든 메뉴도 모른다면. 동네에서 가게를 차릴 돈도 없다면 어떻게 해야 하는가. 혹시 먹방을 잘하는 유튜버에게 협업을 제안해보는 건 어떤가. 내가 이렇게 새로운 메뉴를 만들었는데 혹시 먹방 한 번 해보고 반응이 좋으면 같이 손잡고 프랜차이즈 사업을 해보자, 라고 말이다. (실제로 이 방식으로 성공한 사람을 나는 알고 있다.)

혹은 현재 프랜차이즈 브랜드 중에서 경쟁력이 있는데 홍보가 안 된 곳에 찾아가서, 내가 이 브랜드를 유튜버에게 소개해주겠다, 라고 해보는 건 어떤가. 유튜버가 이 음식으로 콘텐츠를 만들어 반응이 있다면, 유튜버와 프랜차이즈 회사를 연결해볼 수도 있지 않을까.

그것도 별로 가능성이 없어 보인다면, 훨씬 더 쉽고 빠르게 수익을 낼 수 있는 방법을 하나 말해보겠다. 현재 수많은 먹방 유튜버를, 현재의 수많은 프랜차이즈 회사의 광고 모델로 연결짓는 사업은 어떤가? 유명 연예인을 섭외할 때보다 돈도 덜 들고, 100군데 제안을 해서 한 군데만 성사된다고 하면 당신은 중개 수수료를 얻게 된다.

이것을 유튜버 MCN 사업이라고 하고, 실제로 이런 식의 수익 모델이 시장에 존재하고, 이걸로 돈을 버는 회사가 존재한다. 그러니 방금 말한 여러 사업 아이디어 중에서 자신에게 잘 맞을 법하고, 자신이 좋아하는 분야에서 시도해보는 건 어떤가.

**:
그런데 아까는 욕망이 있고,
소망이 있어야 한다면서요.
유튜버를 프랜차이즈 회사의 광고 모델로
연결해주는 사업에 저는 소망도 없는데요.
:**

좋은 질문을 해주어서 고맙다. 나는 1인 기업에게 가장 이상적인 것은 본질을 건드리는 비즈니스, 즉 앞서 말한 **소망과 욕망이 협력해서 열매가 맺히는 사업**이라고 본다. 앞서 예로 든 '음식'의 경우, 가장 이상적인 건 유튜브처럼 중개 플랫폼을 만드는 게 아니고, 먹방 유튜버를 하는 게 아니라, 그보다 본질적인 사람들의 욕구, 즉 다양한 음식을 더 많이 먹어보고 싶은 욕구를 충족시켜주는 사업을 하는 게 맞는다.

그것은 식당일 수도 있고, 음식 유통업일 수도 있고, 또 다른 형태의 중개 비즈니스일 수도 있다. 중요한 것은 내가 음식과 관련된 분야에서 어떤 순수한 열정이 있어서, 이걸 돈을 벌겠다는 이기적인 동기와 연결지을 수 있느냐는 것이다.

비록 소망은 없지만, 돈을 벌겠다는 욕망만 가진 사람은 어떻게 해야 할까? 앞서 말한 분야들이다. 유튜브 광고 중개업(MCN)

이나 유튜버 광고마케팅 대행사 등이 이에 해당한다. 이들 업종의 공통점은 어떤 눈앞의 현상을 보고 사유한다. 여기에 다스려지는 힘의 원리를 간파한 다음, 이걸 이용해서 자신에게 유리한 쪽으로 사업을 펼쳐나가는 것이다. 이런 사업을 하는 데 필요한 것은 **높은 생각의 질**이면 충분하다. 음식으로 세상의 발전에 기여하겠다는 고상한 소망이 없어도 가능하다. 이런 상황을 생각해보면 쉽다.

1. 음식으로 세상을 다스리겠다고 소망한 사람이 빵집을 만든다.
2. 그 빵이 엄청나게 팔려서 어느 날 먹방 유튜버가 그 맛집을 탐방한다. 그리고 이 콘텐츠로 돈을 번다.
3. **여기서 당신이 먹방으로 돈을 버는 유튜버를 가만히 살펴보다가**, 그에게 필요한 도구(광고수익, 제휴모델)가 있음을 알고, 이를 제공하는 비즈니스를 해서 돈을 번다.

1번의 소망이 없으면 2번의 욕망이 성립하지 않는다. 2번의 욕망이 없으면 3번의 방식이 성립하지 않는다. **1번은 2번을 다스리고, 2번은 3번을 다스린다.**

<u>가장 최상위 생각을 하는 사람은 사람들의 입에 들어가는 음식을 만들어 팔아 돈을 번 1번이다.</u>

물론 최상위 생각이 가장 근본적이기에 많은 사람들이 뛰어드는 분야이기도 하다. 음식으로 세상을 바꾸겠다는 사람 말고도, 음식으로 돈을 벌려는 사람, 취미로 음식 장사를 하는 사람, 임시로 음식 장사를 하는 사람 등등 굉장히 많아서 1번으로 돈을 버는 것은 어려운 일이다. 그러나 1번의 방식을 다스린 사람은 1~3번 중에서 가장 큰돈을 벌 가능성이 높다. 왜냐하면 가장 많은 사람들이 원하는 음식물이 목구멍으로 넘어가는 영역을 차지했기 때문이다.

의식주를 둘러싼 비즈니스

태초에 천지를 창조한 신의 아이디어(발상)가 있었다. 그는 물과 불, 흙과 공기를 만들고 온갖 동식물을 지은 다음 마지막에 두 명의 인간을 만들었다. 아담과 이브는 부끄러움을 알게 된 이후부터 한 곳에 머물지 않고 옮겨 다니며 생활을 했고, 불을 피우며 음식을 조리했다. 그리고 인류는 발전을 거듭해 산업혁명을 거쳐, 공장에서 대량으로 음식을 조리해서 다수에게 공급하는 시스템을 만들기에 이르렀다.

시대가 바뀌고 기술은 발전했지만, 사람들의 욕망은 세대를 막론하고 항상 비슷했다. **의식주를 둘러싼 욕망들이 그것이다.** 지금도 세계적인 기업들 중 돈을 많이 버는 기업이 뭘하는지 가만히 들여다보면 의식주와 관련된 기업들이다.

스타벅스는 커피를 브랜드화해서 프랜차이즈 모델을 만든 기업이지만, 고상한 분위기를 공간에 입혔을 뿐 본질은 음료를 파는 사업이다. 맥도날드는 햄버거를 팔아서 세계적인 기업이 되었고, 세계 2위 부호에 오른 LVMH 아르노 회장은 가방이나 옷을 팔아서 부자가 됐다. 그래서 유태인들은 돈을 벌려면 여자들을 상대로 하거나, 입으로 들어가는 음식 장사를 해서 부자가 되는 법을 가르쳤다. 이것은 인간으로써 의식주를 다스리고자 하는 인간의 생각이 움직였기 때문이다. 그 **기저에는 인간의 욕망이 깔려있다.** 모두가 음식 장사를 해서 돈을 버는 건 아니며, 명품 브랜드가 모두 잘 나가는 것도 아니다. 의식주에 얽혀 있는 인간의 욕망을 가장 잘 간파한 사람들만이 돈을 번다. 이것은 **인간의 욕망을 다스릴 줄 아는 생각을 가진 사람만이 가능한 일이다.**

욕망을 다스리려면 위대한 생각을 해야 한다.

예전에는 아무런 이유 없이 식당을 하고 구두가게를 하던 시절이 있었다. 장사라면 돈 되는 게 으레 그런 거라고 생각했을 뿐, 왜 그런 장사가 돈이 잘 벌리는 지 이해한 사람은 거의 없었다. 그보다 후에 태어난 교육받은 세대는 장사를 사업화하는 본질을 깨닫고, 여기에 도전했고 쇼핑몰로 수억을 벌거나 음식점 프랜차이즈로 큰 돈을 벌거나 음식 유통업을 해서 돈을 번 사람들이 등장했다.

최근의 움직임은 더 나아가 이제는 포화가 되어버린 이 시장을 생각으로 다스리는 기업들이 돈을 번다. 예를 들면 포화가 된 음식점들을 맛집 순서대로 줄 세운 다음, 이걸 배달시켜서 돈을 버는 '배달의 민족', 온라인에 존재하는 온갖 상품을 최저가로 파는 '쿠팡', 의류 브랜드들을 줄 세운 다음, 거기서 MZ 세대가 열광하는 상품을 찾아주는 '무신사' 같은 기업이 그렇다.

조금 고급스러운 언어로 포장하면 이들을 IT혁신 기업이라고도 하고, 플랫폼 기업이라고도 하지만 본질적으로 들춰내어 보자면, 이들은 생각하는 기업이다. 어떻게 생각했을까? 지금 시중에는 쇼핑몰이 넘쳐나는데 정작 그 많은 쇼핑몰 중에서 소비자들이 진짜 좋아하는 옷들은 한 번에 모아서 보여주는 곳이 없구나(무신사), 음식점은 넘쳐 나는데 배달로 그 모든 음식을 시켜 먹을 순 없을까(배달의 민족), 최근에는 청소하는 사람도 배달해 줄 순 없을까(청소연구소), 회사 간식도 배달해주는 곳은 없을까(간식24) 등 분야별로 생각을 달리 한 기업들이 계속 생겨나고 있다.

젊은 기업가가 주축이 되어 IT 분야에서 창업한 스타트업이라는 공통점 때문에 이들이 어떤 본질을 건드렸는지가 간과되었다. 이들은 처음부터 무엇인가를 생산하거나, 세상에 없던 것을 공급하지 않는다. **단지 기존에 있는 자원을 재배치하는 일을 한다.** 시장에서 수요와 공급을 효과적으로 연결하는 테트리스 놀이를 하는 것과 같다.

그런데 이 생각의 게임이 돈이 되고 사람들이 반응한다.

그리고 앞으로는 이러한 기업들이 세계 기업들 중 시가총액 상위를 차지하는 비중이 점점 늘어날 것이다.

그러면 어떻게 해야 할까? 아, 지금 기존의 산업 분야에서 이러한 연결이 되어 있지 않은 곳을 찾아서 IT 기술을 접목해 창업해야 할까? 아니면, 포화된 외식 시장에서 새로운 전략으로 기존 시장의 틈새를 찾아야 할까?

업종의 가치는 위대한 생각에 달렸다

생각을 다스릴 수 있게 되면, 의식주의 세계 중에서 내가 어떤 분야로 들어가서 잘하는 일을 발견할지 찾을 수 있다. 독자께서 생각이 너무나도 중요하다고 생각해 오직 생각 하나로 사업을 해야 한다고 깨닫게 될 수도 있다.

그렇게 되면 독자는 생각이 중요하게 펼쳐지는 비즈니스의 영역을 발견하게 된다. 그것은 지금 독자가 읽고 있는 이 책이라는 결과물을 다루는 출판의 영역일 수도 있고, 학생들을 상대로 학원을 개업할 수도 있다. 이 모두는 위대한 생각 그 자체로 또한 돈을 벌겠다는 발상이다.

이들 비즈니스에서는 제조업이나 유통업처럼 무언가를 계속 만들 필요가 없이 딱 한 가지만 명확하게 하면 된다. **사람들의 생각을 움직이는 더 가치 있는 생각을 어떻게 드러낼 것인가, 이다.** 누군가 학원을 운영한다면, 학생들에게 지식을 전수함으로써 학생들이 이전과 다른 학생이 되었다는 걸 입증해야만 학원을 하면서 돈을 벌 것이다.

누군가 출판을 한다면 수많은 독자들의 눈길을 끌어 그들이 책을 통해 생각을 점검하거나 바꿀 수 있게 해주어야만 돈을 벌 것이다.

당신은 정말로 생각이 중요하다고 확신하는가? 그렇다면, 이들 비즈니스에서 활동하면 돈을 벌 수 있다. 책을 좋아하고 책 만드는 걸 잘하기까지 한다면 당신은 반드시 부자가 될 것이고, 책을 좋아하는데 잘 팔리는 책은 못 만든다면 예술가로 그칠 것이다.

그러나 의식주를 둘러싼 세계는 경쟁이 치열하다. 시장 수요가 풍부한 만큼, 이 욕망의 세계를 지배하는 대기업들의 영향력도 만만치 않다.

의식주 사업을 위한 위대한 생각

만약 의식주 분야에서 사업을 하고 싶다면 그동안 검토해온 원리를 접목해보자. 의식주는 어디에서 비롯되었는가?

인류의 기원인 아담과 이브이다. 더 근원적으로는 아담과 이브를 창조한 신의 생각이다. 그렇다면 의식주를 근본적으로 지배하기 위해서는 무엇을 다스려야 하는가? 그렇다. 바로 내가 하루종일 이고 있는 내 머리를 다스려야 한다.

내 스스로는 생각을 다스릴 수 없다고 앞에서 적었다. 그렇다면 머릿속에 있는 생각을 비우고, 세상을 창조한 신의 아이디어로 채우기 위해서 근원의 사유에 접속할 필요가 있다.

그것은 가장 오랫동안 인간의 생각의 핵심 축이 되어온 지식들이며, 나는 이것이 고전의 사고라고 생각한다.

아니, 떡볶이집을 차리는데 왜 고전이 필요하지? 고전과 떡볶이집 창업의 관계를 직접적으로 연결하려고 하면 머리가 아파 온다. 떡볶이는 맛있고 저렴하고 유동인구가 많은 목 좋은 곳에서 장사하고 성실하게 하면 돈 버는 거 아닌가?

맞다. 그런데 **지금은 그렇게 영업을 하는 곳이 너무 많다는 게 문제다.** 모두가 그렇게 하고 있다면 어떻게 그들보다 나아질 것인가. 창업자는 근원의 생각으로 돌아가 스스로에게 질문해야 한다.

아래는 떡볶이집 창업과 관련된 생각의 시뮬레이션이다.

질문: 사람들이 떡볶이를 먹는 이유가 무엇인가?
대답: 가끔 매운 게 먹고 싶고, 간식으로 먹기에 좋으니까.
질문: 그러면 사람들이 매운 게 먹고 싶고 간식으로 떡볶이집을 갈 때는 어디를 가나.
대답: 프랜차이즈든 아니든, 맛이 어느 정도 보장되고 배달도 되는 집.
질문: 그러면 지금 맛이 어느 정도 보장되고 배달도 되는 집이 몇 군데나 있는가.
대답: 최소 3군데 이상.
질문: 그러면 그 3군데 중에서 어느 곳이 매출이 가장 높고 이유가 무엇인가

대답: OOO 떡볶이집. 가격도 저렴하고 세트 메뉴가 알차서.

질문: 그럼, 내가 그보다 가격이 저렴하고 알차게 세트 메뉴를 구성할 수는 없는가?

대답: 원가를 계산해봤을 때 프랜차이즈 가격을 이길 수는 없을 듯.

질문: 그러면 세트 메뉴가 아니라 단일 메뉴를 보면 어떤가?

대답: 쌀떡볶이 외에 밀떡볶이는 종류가 1가지 밖에 없고, 가격대가 보통인 듯. 주력이 아니어서 그렇지 않을까.

질문: 그렇다면 밀떡볶이를 찾는 사람은 얼마나 되는가.

대답: 아마 쌀떡볶이가 80%라면, 밀떡볶이는 20%가 아닐까.

질문: 그럼 20%의 시장인 밀떡볶이 단일 메뉴에서 내가 더 저렴한 가격으로 알차게 세트 메뉴를 구성하는 건 가능성이 있는가?

대답: 그런 가게는 없는데, 음, 한 번 생각해볼만한데?

이렇게 질문과 대답을 혼자서 파고 들다보면 이런 질문까지 하게 될지 모른다.

질문: 그럼 떡볶이를 간식이 아닌 주식으로 먹게 하려면 어떻게 해야 하는가?

대답: 밥처럼 포만감을 주어야 겠지.

질문: 그럼 떡볶이랑 밥을 세트로 포장에서 팔면 어떤가?

대답: 그럼 간이 맞을까. 밥은 밍밍하고 떡볶이는 매콤한데.

질문: 그럼 밍밍한 간과 매콤한 간 사이를 보충해주는 메뉴를 더

하는 건 어떤가?

대답: 예를 들면, 치킨 너겟 같은 거? 치킨 너겟하고 밥, 샐러드를 떡볶이랑 같이 세트로 묶어도 되겠는데?

질문: 그럼 밥 대신 주식으로 먹을 수 있겠는가?

대답: 그 정도면 나쁘지 않군.

이런 식으로 질문과 답을 계속 정리해 나가다 보면 결국 답을 찾을 수 있다. 이런 식의 질문을 계속해서 이끌어낼 수 있으려면 많이 공부한다고 되지 않는다. 그리고 의식주의 세계만 탐구해서는 답을 찾기가 어렵다. 의식주의 뿌리가 되는 인간의 욕망에 관계된 생각이 무엇인지를 공부하고, 그것으로 사색하고, 다시 이것을 실행에 옮겨서 접목시키는 과정을 반복하면서 조금씩 답을 찾아나갈 수 있다.

그러니까 또 다시 중요한 건 위대한 생각이다.

◆

욕망을 다스리는 생각이 생기면,
잘하는 일로 돈을 벌 수 있게 된다.

사업의 원리

제9원리.
좋아하는 일과 잘하는 일을 구분하라.

잘하는 일과 좋아하는 일을 구분하는 법을 배운다.
이를 통해 잘하는 일로 돈을 버는 일에 집중하는 법을 배운다.

• • •

좋아하는 일이 있는가? 좋아하는 일로 돈을 벌기로 마음먹었다면 예술을 해야 한다. 예술을 한다고 해서 독수공방 홀로 고독하게 작품 활동에 몰입하라는 의미는 아니다. 우리는 순수예술을 하고자 하는 게 아니라, 예술로 직업을 대체하고 싶다. 그렇다면 예술을 돈이 되도록 만들어지는 오늘날의 상황을 이해해야 한다. 너무 어려운 말인가?

앞서 플랫폼을 통해서 무한대의 트래픽을 만들어내는 원리를 설명했다. 그렇다면, 지금 나를 절대 다수에게 알리기 위한 플랫폼에 나를 알리는 공간을 만드는 것이 순서일 테다. 그것은 블로그일수도 있고, 유튜브일 수도 있으며, 혹은 팟캐스트 같은 오디

오 플랫폼일 수도 있다. 요즘은 플랫폼이 너무 많은 시대라, 자신에게 맞는 플랫폼을 찾는 게 일이지 플랫폼이 없어서, 그러니까 내 작품을 알릴 기회가 없어서 돈을 벌지 못한다는 말은 합당하지 않다.

자신을 특정 플랫폼에 알린다는 것이 꼭 전단지를 붙이면서 광고 활동을 하는 것처럼 오해될 수도 있을 것 같다. 내가 좋아하는 걸로 돈을 번다는 게 꼭 블로그나 SNS를 해야만 하는 걸까?

결론부터 말하자면 그렇다. 기본적으로 이러한 온라인 활동이 어색하거나 불편하거나, 내키지 않는다면 **예술은 취미로 하는 게 좋다**. 지역과 국경의 경계가 없는 온라인의 세계에서 작품을 내보이지 못한다면, 그 작품의 상업적 가치를 인정받을 곳은 공간에 한정된다.

취미로 할 것이냐, 돈을 벌 것이냐

만약 당신이 보드게임을 너무나 좋아한다고 가정해보자. 친구들이 모이면 PC게임을 하는 것보다 보드게임을 하자고 제안하고, 명절 때는 친척들이 모일 때 항상 보드게임을 가지고 나타날 정도라면 당신은 보드게임을 좋아하는 게 맞다. 보드게임을 잘하지 않아도 보드게임을 할 때마다 행복하다면 당신은 보드게임으로 예술을 해야 한다. 어떻게? 이 역시 온라인과의 접촉이 필수인데 예컨대 보드게임 전문 유료모임을 만들거나, 크라우드 펀딩을 통해 보드게임을 직접 제작해서 판매해보는 것도 가능하다.

요즘은 온라인으로 팔지 못하는 게 아무 것도 없다. 오프라인을 통해서 판매되는 상품이라고 해도 온라인으로 마케팅을 한다. 좋아하는 일을 사람들에게 알리려는 욕망은 저속한 게 아니다. 보드게임을 전혀 좋아하지 않는 사람에게 "보드게임 상품을 사세요. 50% 세일해드려요." 이것은 보드게임으로 돈을 벌겠다는 메시지다. 보드게임을 잘 만들어서 잘 파는 것에 욕망이 있다면 이런 메시지가 맞다.

그러나 보드게임을 순수하게 좋아하는 예술가는 이럴 필요가 없다. "보드게임을 좋아하세요? 그럼 여기서 함께하세요." 이 정도만으로도 충분하다. **물론 좋아하는 일로 예술을 해서 큰 돈을 벌 수는 없다.** 취미를 공유하고, 거기서 리더가 되어 사람들에게 봉사하고, 그 대가로 돈을 받는다면 좋아하는 일로 월급을 충분히 대신할 수 있다.

보드게임을 좋아하는 사람이 전국에 1천 명만 있어도 이걸로 월급 정도의 수익이 난다. 여기서 말하는 월급은 대한민국 직장인 평균 연봉 정도를 말한다. 나는 이 정도로 만족하며, 이 돈을 갖고 좋아하는 일을 하며 행복하게 살 수 있으면 좋겠다, 는 사람이라면 그게 보드게임이든 수영이든, 디제잉이든 그림이든 좋아하는 일로 돈을 벌 수 있고, 월급을 대체할 수 있다. 자신이 좋아하는 분야를 매일 꾸준히 하면서, 앞서 언급한 원리를 자신에게 접목시킨다면 나는 장담할 수 있다.

<u>이렇게 시도하는 사람 모두가 머지않아 현재의 직장을 퇴사하게 될 것이다.</u>

만약 독자의 욕망이 부자가 되는 거라면, **미안하지만 좋아하는 일로 부자가 될 수는 없다.** 아니, 좀 더 정확히는 좋아하는 일로 부자가 될 가능성은 극히 낮다. 왜냐하면, 그 일을 이미 잘하는 사람들이 많기 때문이다. 수선을 정말 좋아하는데 잘하지는 못한다면, 수선 가게를 하거나 수선 관련 사업을 해서 큰 돈을 벌기는 어렵다. 그래도 독자가 수선을 너무나도 좋아한 나머지 그걸 온라인에서 다른 사람에게 알릴 정도라면 분명, 독자의 방식을 이해하고 존중해줄 팬을 만나게 될 것이다. 좋아하는 일로 돈을 버는 것은 그 정도만으로 충분하다.

잘하는 일로 돈버는 법

이제 이 책에서 핵심적인 대목으로 접어들었다. **바로 잘하는 일로 돈을 버는 것이다.** 이런 질문을 해본다. 독자께서는 옷을 좋아하지 않는데 쇼핑몰을 해서 돈을 벌 자신이 있는가? 농산물을 좋아하지 않는데 농산물을 유통해서 돈을 버는 건 어떤가. 잘하는 일로 돈을 번다는 것은 **자신의 관심 영역이 아닌 분야에서 재능을 발휘해서 부가가치를 만드는 것**이다. 호박과 배추, 과일을 그다지 좋아하지 않는 사람도 농산물 유통을 탁월하게 할 수 있다. 공구는 좋아하지 않지만 수리하는 데 재능이 있어서 집수리를 하게 된 사람들도 있다.

<u>그러니까 요컨대, 재능과 기호는 무관하다.</u>

내가 뭘 잘하는지를 아는 것은, 내가 어떤 분야에 관심 있는지를 아는 것과는 별개의 문제다. 이러한 재능의 영역에서는 감정이 아닌, 기질이나 습관이 더 중요한 변수가 된다. 예를 들어서 혼자서 조용히 있으면서 DIY 키트를 만드는 걸 좋아하는 사람은 보험회사 영업직보다는 웹디자인에서 재능을 발견할 가능성이 높다.

업종과 상관없이 내가 어떤 행위를 함으로써 보람과 성취를 느낀다면, 그것은 **자신이 잘하는 영역일 가능성**이 높다. 작가인 나는 글을 써서 소통을 이뤘다는 보람을 느낄 때 가장 행복하다. 다행히도 나는 지독한 책벌레이기도 해서 좋아하는 일을 잘하는 것으로 연결시켜서 책을 팔아서 돈을 벌고 있다. 책을 읽고 글을 쓰다 보니 분석하는 일이 좋아져 데이터를 토대로 광고 성과를 분석하고, 광고주에게 더 나은 효율을 제안하는 광고대행사를 운영하고 있기도 하다. 그러나 이런 사업들이 내가 단지 책을 좋아하고, 온라인 광고물을 좋아해서 성취를 얻는 것은 아니다. 나는 분명히 이 분야를 좋아하지만 더 분명한 건, **이 분야에서 모두 재능을 발견했다는 것이다.**

그러니까 잘하는 일로 돈을 번다는 것은, 자신이 그 분야를 좋아하든, 좋아하지 않든 상관없이 어떤 일을 더 나아지게 만들거나 부가가치를 만들도록 하는 재능을 발휘하는 것과 같다.

아, 그런데 슬프게도 저는 그만한 재능이 없는 것 같네요. 이렇게 묻는 사람도 있을 것이다. 세상에는 재능이 없는 사람은 없다. 그 재능을 돈으로 바꾸겠다는 욕망이 없을 뿐이다. 왜 욕망이 없을까? 나는 그 일에 재능이 있음을 분명히 아는 경우에도 말이다. 혹시 내가 재능이 없는데 있다고 착각해서일까? 스스로를 가장 잘 아는 사람은 자기 자신이라는 점에서 비춰볼 때, 그럴 가능성은 낮다. 스스로 보기에 뚜렷한 내 재능은, 다른 사람에게도 그대로 비춰지는 법이다. 그럼 왜 재능을 돈으로 바꾸는 욕망이 없는 걸까? 욕망이 없어도 이상한 게 아니다. 재능으로 꼭 큰 돈을 벌 필요는 없지 않은가. 누구나 자신이 가진 재능의 크기만큼의 대가를 가져간다. 그럼 재능으로 큰돈을 벌려면 어떻게 해야 하는가?

<u>다른 사람에게 좋은 영향력을 미치려는 욕망이 있어야 한다.</u>

이것은 좀 특수한 형태의 욕망이라 모든 사람들이 이런 욕망을 갖고 있지는 않다. 왜 군이 이걸로 다른 사람의 삶에 끼어들어야 하지? 내가 수영을 잘하는데 왜 꼭 다른 사람들까지 수영을 잘하게 만들어야 하지? 이런 생각을 갖고 있으면, **재능이 있더라도 이걸로 큰돈을 벌 수는 없다.** 대개 재능으로 큰돈을 버는 사람들은, 언론 인터뷰 같은 걸 하면 다들 이렇게 말한다.

사회에 기여 하는 가치를 만든다던가, 비전을 사람들에게 심어준다든가 하는 말들이다. 그냥 멋져 보이려고 하는 말이 아니라 실제로 이런 비전을 갖고 있어야만, 만약 비전이 없다면 비전을 갖겠다고 결심해야만, 재능 있는 분야로 큰돈을 벌 수 있기 때문이다.

그러니까 비전과 큰 부의 창출은 불가분의 관계에 있다고 볼 수 있다. 왜 그런지 너무 어렵게 생각할 필요는 없다. 원리는 간단하다. 더 많은 사람이 내가 파는 상품이나 서비스를 인정해주어야만 그 상품과 서비스를 더 많은 사람에게 동시에, 더 많이 팔 수 있기 때문이다. 이것은 마케팅 용어로는 '네트워크 효과'라고 한다. 이 네트워크 효과 때문에 쿠팡, 네이버, 카카오, 배달의 민족은 돈을 번다.

쿠팡 창업자가 다른 사람들이 더 빠르게 상품을 받아봤으면 좋겠다는 욕망이 없었다면, 그러니까 다수에게 더 나은 가치를 제공해서 사회에 기여하겠다는 욕망이 없었다면, 쿠팡이란 기업은 존재할 수 없을 것이다. 꼭 쿠팡 같은 거대한 기업이 아니더라도, 사업을 하는 사람은 누구나 자신이 잘하는 일로 돈을 버는 영역에서 이러한 비전을 갖고 있다. 바를 차린 사람은, 서울에서 가장 맛있는 술집을 만들겠다고 선언하고, 청소 서비스 앱을 만든 사람은 주부들이 가사 노동에서 해방되도록 하겠다, 는 미션을 갖고 있다. 이건 멋있어 보이거나 그럴 듯해보이기 위해서 하는 말이 아니라, 실제로 해당 시장에서 살아남아 성장하기 위한 매우 정교한 목표인 셈이다.

내가 잘하는 것을 먼저 발견하자

보통 사람은 어떻게 해야 할까? 투자도 받은 적 없고, 유튜버도 아니며, SNS 팔로워는 0명인 나 같은 사람 말이다. 잘하는 일이 있어서 그 재능을 발견했다면, 그 다음 해야 할은 무엇일까. 이어서 설명하기 전에 다시 한번 환기해보자. 독자가 잘하는 일, 재능을 가진 분야는 무엇인가?

디자인 감각, 글쓰기 능력, 기획 능력, 커뮤니케이션 능력, 혹은 남을 돕는 능력

이런 게 있을 것이다. 그렇다면,

그 재능을 가장 잘 활용할 수 있는, 그러면서 혼자서 시작하기에 기회 비용이 가장 적은 분야를 찾는 것이 중요하다.

노파심에 한 가지 당부를 하고자 한다. 혹시 내 재능과 어울리는 멋진 사업 아이템이 있을 거라고 생각할 수 있다. 뭔가 그동안 사람들이 몰랐던, 숨겨진 사업 기회를 내 재능과 연결지어 돈을 벌어보겠다는 욕망은 분명 멋지다. 그러나 실현 가능성이 낮다. **그런 사업은 존재하지 않을지도 모른다.**

독자는 배달앱을 한 번쯤 써본 적이 있는가. 배달의 민족이나 쿠팡잇츠 같은 앱은 정말 편리하긴 하고 그 기업들은 모두 기업가치가 매우 높은 테크 기업들이지만, 단순하게 말하자면 그냥 음식점과 배달기사, 고객이라는 삼각관계를 연결한 사업이다. 이걸 더 단순하게 표현하면 그냥 배달대행 사업이라고 해도 과언은 아니다. 이걸로 세상을 뒤집어놓을 만한 획기적인 발상이나 천재적 비즈니스라고 할 사람은 아무도 없을 것이다.

그러나 배민이나 쿠팡은 투자자들과 경영자들이 흠모하는 기업이다. 바꿔 말하면 이 정도가 현실에서 '혁신'이라고 부르는 사업이라는 얘기다(물론 우주여행을 개척하는 일론 머스크나 제프 베조스 같은 거물들도 있긴 하지만)

그러니까 조금 더 힘을 빼고, 현실을 직시하고, 내 재능을 즉각적으로 돈으로 바꿀 수 있는 기회를 모색해보자.

어떻게 하면 좋을까? 온라인을 활용한 비즈니스는 업종과 유형이 무수히 많지만, 재능을 가진 한 사람이 혼자서 사업을 하거나 수익화할 수 있는 가장 쉬운 업종이 한 가지 있다.

솔직히 이걸 이 책에서 공개하려니 살짝 아까운 마음에 주저하는 중이다... 나는 이걸 몸으로 부딪치고 실패하면서 배운 값진 깨우침이자 실전 통찰력이라서.

그래도 독자를 위해 용기를 내 공개해보겠다.

<u>그건 바로 대행 사업을 하는 것이다.</u>

그렇다, 남의 일을 대신해주는 일, 거칠게 말하자면 심부름이

다. 온라인에서 심부름을 하는 것, 이것이 혼자서 사업을 하는 사람이 할 수 있는 가장 쉽고 빠른 수익화 방법이다. 그 이유는 무엇일까?

오프라인에서 온라인으로 전환되는 비즈니스

우리는 모두가 정기적으로 장을 봐야 한다. 먹을 것과 입을 것, 집안에 필요한 각종 소도구나 비품들을 어쨌든 주기적으로 사야 하니까. 어떤 사람은 이걸 필요할 때마다 즉시 온라인으로 주문할 수도 있고, 어떤 사람은 신선식품을 사러 마트에 갔을 때 직접 눈으로 보고 구매할 수도 있다. 어떤 형태가 되었든 우리는 의식주를 영위하기 위해 장을 봐야 한다. 요즘은 언택트 시대라고 해서 온라인 혹은 모바일로 쇼핑을 하는 것 같아도, 아직 사람들은 오프라인에 가서 물건을 구입하는 게 더 익숙하다.

미국의 통계를 인용하자면, 온라인 쇼핑몰인 아마존과 오프라인 쇼핑몰인 월마트에 가는 비중을 비교해봤을 때, 아마존에서 필요한 물건을 주문하는 구매인구는 전체 소비층의 20%도 채 안 되는 걸로 알고 있다. 그러니까 미국 소비자들 중 대부분은 여전히 오프라인에서 필요한 물건을 구입한다는 얘기다.

우리는 온라인과 모바일 쇼핑 환경이 발달한 나라이니 그보다 비중이 높을 수 있겠지만 아직까지 전체 소비자의 절반 이상은 오프라인 쇼핑이 습관이 되어 있다고 이해하면 된다. 의식주 중에서 가장 보편적인 소비 행태를 보이는 '장보기'의 영역에서 그렇다면, 나머지 영역은 말할 것도 없겠다. 즉, 먹는 것과 입는 것,

집을 사는 것 안에 위치한 수많은 카테고리에서는 **여전히 오프라인 상점을 방문해서 구매가 이뤄진다는 뜻**이다. 아직까지 세탁소에 갈 때는 집에서 가장 가까운 매장에 맡기는 사람이, 세탁 앱을 통해서 방문수거를 하는 사람보다 많다. 이 말을 뒤집어보자. 그렇다면 소비라는 행위에서 큰 비중을 차지하는 '장보기'가 점점 온라인 쇼핑이 비중이 늘고, 앞으로 더 늘어날 거라고 보면, 나머지 영역들에서도 온라인, 소비 전환이 점차 일어날 거라고 봐야 하지 않을까? 그런데 아직 그 시기가 오지 않았다면?

<u>앞으로 올 것이 거의 확실한데 아직 오지 않았다면, 지금 틈이 존재한다는 뜻이다.</u>

그런데 이 온라인 비즈니스의 틈이 대행이라는 비즈니스와 무슨 관계가 있을까?

아주 관계가 깊다.

오프라인에서 여전히 매출을 만들고 있는 많은 업종의 사장님 중, 온라인 전환의 필요성을 알고 준비 중이거나 이미 진입을 하고 있는 사람들은 **도구**가 없다.

그들은 오프라인 사업의 공식은 너무나 잘 알고 있다. 음식점을 하려면 임대료, 인건비, 집기비용, 판촉비 등이 얼마나 필요한지, 그래서 얼마나 수익을 낼 수 있는지, 어떻게 하면 돈을 벌지 경험으로 알게 된다. 그러나 온라인은 그들에게 생소한 영역이다. 그러나 고객은 온라인에 다 몰려 있다. 그럼 이 땅의 수많은 사장님들은 선택해야 한다. 오프라인의 상권 언어를 배웠듯, 온라인의 언어를 배우거나 아니면 그 과정에서 누군가의 도움을 받거나.

지금도 장사를 처음 하는 사람이 상가를 얻을 때는, 그 분야의 경험과 기술이 많은 프랜차이즈 기업의 도움을 받는다. 혼자서 시행착오를 할 수도 있지만, 그 편이 더 안전하기 때문이다. 그러나 온라인으로 진출할 때 누구의 도움을 받아야 하는지는 아직 막막하다. 물론 프랜차이즈 브랜드가 온라인 영역까지 현명하게 진출해서 가맹점에 도움을 줄 수 있는 업종은 그나마 다행이다. 그러나 대부분은 아직 어리둥절한 상태다.

자영업자를 돕는 사업은 어떨까

내가 과외를 하는 사업자라면 그 전에는 전봇대마다 전단지를 붙이고 다녔는데 앞으로는 어떻게 자기 사업을 홍보해야 하는지 모른다. 미용실을 하고 있는데 그 전에는 지나가는 손님만 잘 받으면 되었는데, 이제는 손님들이 평점과 후기를 보고 온라인으로 예약해서 온다고 하니 부랴부랴 SNS 채널을 만들었다.

방금 말한 내용이 자영업자에게만 해당할까? 이제 막 개업한 변호사나 오랫동안 영업을 했던 병원장, 심지어 누군가에게 이름을 지어주는 작명소 사장님도 고객을 만나려면 모바일 세상과 접촉해야 한다. 그런데 이 사람들은 모두 자신의 업을 어떻게 알려야 하는지 모른다. 그러면 이 과정에서 누군가의 도움을 받아야 하지 않을까?

도구를 파는 비즈니스가 가장 쉽다

이 틈새에서 사업을 할 수 있는 분야가 바로 '대행의 세계'이다. 누군가가 이미 장사를 잘하고 있던 영역을 망하지 않고 계속 장사를 하게 해주고, 더 나아가서 장사가 잘 되게 해주는 것은 굉장히 중요한 영역이다. 그래서 나는 광고대행업을 하고 있고, 이로써 오프라인에서 질식하기 직전의 업종에 심폐소생술을 해주고 그 대가로 수수료를 받는 사업을 하고 있다. 이게 비단 광고의 세계만 해당할까?

어떤 사업자는 홈페이지를 만들 줄 몰라서 사업하는 바쁜 와중에 열심히 강의를 찾아서 들으러 다닌다. 그런데 이 틈을 알고 홈페이지를 제작해주는 대행업이 존재한다. 어떤 사람은 이혼한 뒤로 재혼을 하려고 하는데, 결혼중개소에 가기가 꺼려져 비슷한 사람들이 없는지 찾고 있다. 그런데 이 틈을 알고 사람들을 위해 앱을 만들고, 그 사람들을 다시 커플을 맺어주는 서비스로 수수료를 받는 대행업이 존재한다. 어떤 사람은 집 근처 마트 과일이 신선하지 않고 맛이 없어서, 산지직송으로 신선한 과일을 사먹고 싶어한다. 그런데 이 틈을 알고 산지의 농부들을 가입시킨 커뮤니티(네이버 카페)로 수익을 내고 있다.

바로 이런 틈새의 기회가 대행의 세계이다. 대한민국에 있는 수많은 업종 중 **오프라인에서 온라인으로 전환하는 전환기에 있는 사업에는 모두 공통적으로 이러한 틈새가 있다.** 이 틈이 매우 커서 혼자 힘으로 메워지지 않은 곳을 IT 기업들이 채우고 있고, 구멍이 작아서 누군가 발견하고 이를 1인 기업이 막아도 되는 곳도 존재한다.

당연히 혼자서 사업을 하는 우리들은 작은 틈새에서 기회를 발견해야 한다. 구멍이 너무 커서 기업이 막아줘야 하는 곳에는 가지 않는다. 예를 들면, 이사 서비스가 그러하다. 이사 서비스는 온라인으로 완전히 전환된 업종 중 하나인데, 사람들은 이제 이사 서비스를 찾을 때 오프라인 매장을 찾아가지 않고, 홈페이지를 검색해본 뒤 대표번호로 전화를 건 후 견적을 신청한다. 그런데 1인 사업 아이템으로 이사 서비스를 한다면 어떻게 될까?

평균 30평대 크기인 4인 가족의 짐을 운반하는 이사대행업의 틈바구니에서 기업과 경쟁할 수 있을까? 없을 것 같다. 그들은 대형 이삿짐 트럭과 전문인력을 보유하고, 본사의 지원을 통해 청소 서비스까지 제공하기 때문이다. 누군가 이사 서비스가 틈새라고 생각해 이들과 경쟁하려고 하면 적잖은 자금이 필요할 것이다. 한 마디로 말해 진입 장벽이 높다. 그러면, 개인은 어떤 틈으로 들어가야 하는가?

이보다 더 작은 틈을 찾아보면 '원룸 이사'라는 키워드가 나온다. 이 책을 잠시 내려놓고, 휴대폰을 열어서 검색창에 '원룸 이

사'라는 단어를 검색해보자. 그러면 우리가 이사 서비스를 찾을 때 많이 듣던 기업들보다 '용달 업체'의 광고가 가장 많이 보일 것이다. 용달 업체라고 하면 1.5톤 트럭 하나를 갖고 다니며 운전도 하고, 작은 짐은 실어주기도 하는 그 용달 기사 말이다.

원룸에 사는 1인 가구는 이사 업체를 부르면 견적이 비싸다. 짐도 그렇게 많지 않은데 굳이 이사 서비스를 부를 이유가 없다. 그럴 때 용달 기사를 부르면 저렴하다. 기업 입장에서도 한 건당 몇만 원 정도에 불과한 업종에서 경쟁하기엔 시장 파이가 작다고 판단해 이 틈새까지 메우려고 하지 않는다. 그래서 이 틈을 용달 기사들이 경쟁하면서 시장 파이를 나누고 있다.

방금 책을 덮고 검색해봤더니 광고가 너무 많은데요? 이 사람들이 전부 경쟁자라는 뜻인가요? 그렇다. 방금 말한 틈새의 비즈니스는 새로운 사실은 아니다. 현업에 있는 사람들 중 일부는 오프라인 영업과 온라인 비즈니스를 병행할 정도로 눈치가 빠르다. 독자께서 틈새의 비즈니스라고 발견하는 모든 분야들에서는 온라인 비즈니스화가 이뤄지고 있거나 곧 이뤄질 것이다.

이사 서비스뿐 아니라 정수기판매, 휴대폰 개통 등 대부분이 생활 관련 카테고리가 그렇다. 자영업을 하는 당사자들이 직접 온라인에 홈페이지를 만들어 광고를 하고 있거나, 광고대행사를 통해 광고를 하고 있다. 최소한 블로그나 SNS 활동 정도는 왠만한 사람들이 모두 하고 있다.

그러나 걱정할 필요는 없다. 왜냐하면 **아직도 시장의 상당 부분이 온라인 영역으로 넘어가지 못했거나 넘어가는 중이기 때문**

이다. 이 말은 현재 어떤 영역에서 경쟁자가 많아 보여도 전체 시장 규모에 비해서는 여전히 틈새의 기회가 존재한다는 뜻과도 같다. 예를 들어 커피 원두를 판매하는 유통업자들 중 여전히 일부만이 온라인으로 광고를 하고 있다. 독자께서 커피를 좋아한다면, 자주 가는 집 근처 개인 카페에서 판매하는 원두가 온라인으로도 유통되는지 확인해보라. 그렇지 않는다면 원두 업체의 홈페이지를 검색해보고, 그 회사에 전화를 걸어서 혹시 온라인으로 판로를 열 생각은 없는지 물어보라. 만약 아직은 팔 생각이 없다고 한다면? 앞으로 팔지 어떨지 모르는 상황에서 마냥 기다려야 하는가?

앞으로 다가올 시장을 위해 틈새를 벌리고 거기서 기다릴 수는 없는 노릇이다. 독자는 아마 지금 눈앞에 보이는 물고기를 그물로 잡고 싶을 것이다. 당장 돈을 벌고 싶기 때문이다. 당장 돈이 되지 않는 분야에서 미래의 가능성을 보고 투자하기엔 우린 너무 평범한 사람들이다. 그렇다면 지금 이미 펼쳐져 있는 시장을 보면 된다. 검색창에서 원두 유통이라고 검색해보자. 그리고 눈에 보이는 홈페이지 또는 쇼핑몰을 아무 곳이나 들어가보자. 마우스를 끌어내려 가장 하단의 업체 정보가 있는 부분에 '제휴 문의'라고 적혀 있는 곳이 있다면, 행운이다. 업체에 전화를 걸어서 온라인으로 원두를 판매하고 싶은데 어떻게 하면 되느냐고 물어보라. 그럼 상대방은 뭐라고 할까?

원두를 어떤 방식으로 판매할 거냐고 물어볼 수 있다. 그럼 독자는 온라인으로 판매할 거라고 답할 것이다. 그럼 그 업체는 우리가 쇼핑몰에서 원두를 팔고 있는데, 원두를 어떤 채널에서 팔 거냐고 물을 것이다. 그럼 다른 쇼핑몰을 만들어서 팔 거라고 말한다. 그럼 그 업자는 다른 쇼핑몰에서, 우리 원두의 브랜드를 그대로 쓴 채 팔 거냐고 물을지 모른다.

이 지점에서 독자는 잠시, 망설인다. 그러자니 굳이 홈페이지를 따로 만들 필요가 있을까, 하는 의문이 들고 업체에서 원두를 도매로 가져다가 파는 게 더 나을까, 하는 고민이 잠시 들 것이다. 당신은 일단 거기까지 대화를 나누고 전화를 끊는다.

그다음 단계는 뭘 해야 할까?

<u>그렇다. 생각을 하면 된다.</u>

※포털사이트에서 '원두 판매'를 검색한 결과. 원두 판매 업체들의 광고 목록이 눈에 띈다. 이 중에 한 곳이 제휴처가 될 것이다.

앞서 어떤 식으로 생각이 꼬리에 꼬리를 물지에 대해 가상의 대화를 나눈 바 있다. 이번에도 그 방식을 써보자.

질문: 다른 업체의 원두를 가져다 팔아야 하는 이유는 무엇인가?
답변: 그 편이 쉽게 팔 수 있어서.
질문: 그럼 다른 업체의 원두를 가져다 팔 때 내 마진을 어떻게 만들 수 있을까.
답변: 도매상이 되어서 대량 구매를 해서.
질문: 그럼 대량 구매를 해서 팔 정도로 나는 커피 유통에 관심이 많은가?
답변: 음, 그렇다기보다는 좋은 원두 자체에 더 관심이 많다.
질문: 그렇다면 생두를 직접 볶아서 원두로 파는 건 어떤가?
답변: 응? 그럼 어떻게 하면 그렇게 할 수 있지?
질문: 생두를 수입하는 수입 업자를 검색해보는 건 어떤가?
답변: 오, 그렇게도 한 번 연락해봐야겠다.

이런 식의 대화를 통해 독자는 판매의 돌파구를 찾게 된다. 아직 온라인 판로에 대한 문제는 등장하지 않았다. 이것은 온라인에서 무엇을 팔 것인지에 대한 과정이다. 여기서 중요한 점이 또 있다.

<u>뭔가를 정말 좋아하고, 판매를 잘하고 싶다면 생산 과정을 직접 통제하는 게 좋다.</u>

1인 사업은 생산수단을 통제하는 게 좋다

무슨 말이냐 하면, 어떤 분야를 정말 좋아해서 그 분야에 대한 얘기만 들어도 가슴이 설렐 정도라면 자신이 제조 과정에 참여하는 게 좋다는 뜻이다. 원두를 좋아한다면 원두 유통에 관심 갖기 전에 원두를 볶는 과정, 더 나아가 생두를 수입하는 지점부터 참여해야 한다는 뜻이다. 쭈꾸미 전문점을 창업하려는 사람이 단지 목 좋은 상권만 보고 쭈꾸미 요리에 딱히 흥미를 느끼지 못한다면, 음식점이 망할 확률은 매우 높다.

<논어>에 아는 것은 좋아하는 것만 못하다고 했다. 좋아하는 일의 강점을 갖기 위해서는 그 일을 직접 해봐야 한다. 그래야만 나중에 유통과정으로 나아갔을 때 흔들림이 없다. 요즘은 상품이 워낙 많다 보니 이를 잘 유통하고, 편집해서 기획만 하면 온라인에서 쉽게 팔 수 있다고 믿는 경향이 있는 것 같다. 그래서 제조를 하는 사람보다는 마케팅과 판매 쪽의 포지션을 취하려고 하는 사람들이 더 많다.

그러나 길게 보면 이는 현명한 생각이 아니다. 이미 만든 원두를 잘 판매하려면 구매력이 있거나 협상력이 있어야 하는데 이때 개인은 기업과의 경쟁에서 불리하다. 그러나 원두를 직접 만들 수 있는 능력이 있다면, 이를 유통하기는 훨씬 수월할 것이다. 이처럼 판매자가 자신이 만든 상품을 직접 제조까지 할 수 있는 능력을 일컬어 '크래프트십(craftship)'이라고 한다. 이런 크래프트십이 있으면, 원두를 좋아하는 사람은 온라인 유통을 통해 반

드시 돈을 벌 수 있다.

"저는 원두를 좋아하지 않는데 이걸로 돈을 벌고 싶어요. 어떻게 하면 될까요?"

원두를 볶을 능력은 없지만 이 시장 가능성이 높다고 판단해 사업화하고 싶다면? 여기에 한 가지 답이 될 만한 가능성을 제시하고자 한다.

그 답은 바로 브랜딩이다.

- **다시 한 번 생각해보자.**
    나는 욕망이 있는 사업군을 검색해보았는가?
    검색해 본 다음 어떤 쪽을 연결하면 좋을지 생각해봤는가?
    욕망의 사업을 가장 효과적으로 시작할 수 있는 방법은 무엇인가?

제10원리.
도구를 브랜딩해서 팔아라.

다른 사람에게 도구를 파는 것의 원리를 파악한다.
이를 통해 가장 쉽게 돈을 벌 수 있는 방법을 배운다.

• • •

　매슬로우의 욕구 이론에 따르면 인간은 먹고 사는 문제가 해결되면 사회적 안정을 원하고, 그 다음은 명예를 원하며, 마지막으로 자아실현을 하고자 한다. 인류 대부분이 먹고 사는 문제가 거의 해결된 이후 우리는 스마트폰을 통해서 기술 발전의 혜택을 누렸고, SNS에서 자신의 일상을 공유하면서 사회적 욕구를 충족시켰다. 타인에게 더 세련된 사람처럼 보이기 위해 더 나은 상품을 구입하면서 인정욕구를 드러낸다. 여기에서 더 나은 상품을 갖고자 하는 사람들의 니즈를 해결해준 것이 바로 '**브랜드**'다. 그냥 옷이 아니라 명품옷, 그냥 가전제품이 아니라 명품 가전제품, 휴대폰도 명품 같은 휴대폰인 아이폰을 원하는 것이다.

도구를 팔아라

이 사실을 우리가 앞서 탐색해본 영역에 적용해보자. 이사를 가야 하기 때문에 이사 서비스를 검색한다. 그런데 첫 번째로 검색된 업체와 두 번째로 검색된 업체가 가격이 비슷할 경우, 최종적으로 업체를 선정하는 기준은 무엇일까?

어쩐지 더 신뢰가 가는 느낌, 혹은 이미지? 믿을 만한 업체인 것 같은 무엇 아닐까. 그렇다. 이런 무의식의 의사결정에 관여되는 부분이 바로 '브랜드'이다. 브랜드는 상표를 뜻하는 게 아니다. 그리고 브랜드는 물건에만 있는 게 아니다. 사람도 브랜드가 있는데, 우리는 이것을 그의 옷차림과 말투, 행동을 보고 그 사람의 '수준'을 먼저 파악한다. 만약 이사 업체를 상담했는데 상대방의 옷차림과 말투가 정중하고 신뢰를 준다면 견적을 따낼 확률이 높아진다. 이때 이 이사 업체 상담자는 무엇으로 자신의 상품을 팔았는가?

바로 브랜드이다. 그래서 틈새시장에서 벌어지는 경쟁 요인 중 상품의 질이나 가격이 엇비슷하다고 할 때 고객의 의사결정을 돕는 강력한 요인이 바로 브랜드이다.

문제는 아직 오프라인에서 **온라인 시장으로 넘어온 사업자 중 다수가 브랜딩이 되어 있지 않다는 것**이다. 예를 들면 앞서 예로 든 원룸 이사의 경우, 업체들 대부분이 용달 대행으로 포지셔닝함으로써 짐을 저렴한 가격으로 실어주는 용역 서비스로 소개하는 경우가 많다. 여기서 브랜딩이 되면 어떤 일이 벌어질까?

이보다 브랜딩을 한 사람들은 자신들을 '**원룸 전문 이사 서비스**'로 세분하고, 이보다 더 브랜딩이 되어 있다면 '**청년 이사 전문가**'로 표지셔닝 한다. 용달 이사를 신청하는 가구 대부분이 1인 가구이며 이 중 다수가 20~30대임을 겨냥한 것이다. **만약 여기서 한 번 더 브랜딩을 한다면 여성 1인 가구를 겨냥한 '여성이사 전문인력 서비스'가 될 수 있을 것이다.**

브랜딩은 이처럼 시장을 세분화한다는 의미를 가지고 있기도 하다. 물론 이러한 시장 세분화를 위해서는 스스로가 브랜딩되어야 할 필요가 있음은 물론이다. 만약 이 글을 읽는 독자 중 체력이 좋고, 짐을 운반하는 능력이 뛰어나다면 1인 이사전문 서비스업체로 포지셔닝하는 것도 방법이다.

"그런데 나는 나를 브랜딩할 수 있는 분야가 없는데요?" 이렇게 생각하는 사람도 있을 것이다. 체력도 좋지 않고, 딱히 이렇다 할 전문 기술도 없는 경우 어떻게 잘하는 일로 돈을 벌 수 있을까.

자기 스스로 브랜딩을 하는 방법도 있지만, **다른 사람의 브랜딩을 도와주는 방법도 있다.** 오프라인에서 온라인 비즈니스를 병행하려는 사람이라면, 당연히 이런 브랜딩의 필요성을 이해할 것이고 그걸 혼자서 하지 못한다면 다른 사람의 도움을 받아야 할 것 아닌가. 이 또한 브랜딩이 필요한 사람에게 **도구를 제공해주는 비즈니스에 해당한다.**

쉬운 예를 들어보려고 한다. 우리는 요즘 뭔가를 검색할 때는 항상 홈페이지를 본다. 그것이 쇼핑몰 형태이든, 아니면 브랜드 홈페이지든 이 기업의 존재를 확인할 수 있는 웹페이지를 보고서 상품이나 서비스를 구매하겠다는 의사결정을 하게 된다.

그런데 지금 울산에서 가장 맛있는 갈비집을 운영하는 사장님이 홈페이지가 없다. 이 사장님은 이제 울산뿐 아니라 서울, 인천, 대구에서도 사람들에게 갈비를 팔려고, 준비를 하고 있는데 어디서부터 시작해야 할지 막막한 것이다. 그럼 이 사장님은 당연히 홈페이지 제작 전문업체를 검색해볼 것이다. 그러면 이런 온라인 신규 사업자에게 홈페이지를 제작해주는 전문업체들이 굉장히 많을 것이고, 이 중 **더러는 브랜딩이 되어 있거나 더러는 브랜딩이 되어 있지 않을 것**이다.

만약 내가 홈페이지를 대신 만들어주는 서비스로 수익을 내어보려고 하는데, 어떻게 하는 게 좋을까? 요즘은 무료로 홈페이지를 만들어준다고 광고하는 업체들도 많다. 실상 들여다보면 네이버에서 제공하는 홈페이지 제작툴을 통해 간단한 홈페이지를 만들어주는 식이다.

그런데 사업자들 중에서는 디자인도 되어 있고, 인사말 페이지나 약도 같은 것들이 들어가 있는 조금 더 고급스러운 홈페이지를 원하는 사람도 있을 것 아닌가. 무료 홈페이지 말고 말이다. 이런 홈페이지를 원하는 사업자를 상대로 '도구를 파는' 업체들은 보통 50~100만 원 가량을 받고 홈페이지를 만들어준다.

그런데 이렇게 만들어진 홈페이지가 '지나치게 전문적'이라면, 100만원 남짓한 비용을 들여 홈페이지를 만들기엔 부담스러울 수 있다. 특히 울산에서 갈비집을 하는 사장님은 그렇게 거창한 홈페이지가 필요 없고, 좀 더 개성이 있는 작은 규모의 홈페이지를 원할 수도 있다.

<u>그렇게 되면 여기에 틈새가 벌어지게 된다. 바로 홈페이지를 대신 만들어주는 비즈니스에서 브랜딩이 파고들 틈이 생긴다.</u>

작전은 이렇다. 개인사업자 내지는 소규모 사업자가 자신들의 업장의 특색을 드러내 주는 개성 있는 홈페이지를 저렴한 가격(50만원 이하)에 만들어준다. 이렇게 되면 그 틈을 비집고 시장에서 경쟁 상대가 될 수도 있다. 디자인 센스가 있고, 홈페이지 제작에 관심이 많다면 자신의 강점을 무기로 내세워서 홈페이지 제작 서비스로 수익을 내보는 건 어떨까? 한 달에 4~5건만 완성하면 월급 정도의 수익이 생길 것 같다.

아니, 디자인 센스만 있다고 홈페이지를 만들 수 있나요? 홈페이지를 만들려면 서버도 있어야 하고 디자인 소스도 돈을 주고 구입해야 할 텐데, 비용이 많이 들지 않을까요?

1인 사업자의 경쟁력은 인건비에 있다. 반대로 우리의 경쟁 상대인 기업의 약점도 인건비에 있다. 즉, 기업은 고용된 직원을 월급 주고, 사무실 임대료를 내고, 기타 운영비가 필요하기 때문에 제공하는 서비스의 가격이 일정 수준 이하로 떨어지기 어렵다. 그러니 1인 기업은 자기 몸값 외에는 드는 비용을 제로에 가깝게 수렴할 수 있기 때문에 언제, 어떤 경우든 기업과 견주어서 가격

경쟁력이 있다.

앞서 언급한 홈페이지 제작 대행의 경우, 요즘은 홈페이지 제작 솔루션 업체에 월 1~2만 원만 주면 서버와 디자인 재료들을 무료로 쓸 수 있기 때문에 큰 비용이 들지 않는다. 이 소스들을 가지고 어떻게 홈페이지를 '디자인할 것인가'에 대한 감각은 물론 뛰어나야 한다.

그래서 이런 소스들로 만든 홈페이지나 쇼핑몰을 자주 보고, 여기에서 자신만의 개성을 담아서 디자인을 하면 가벼운 버전의 홈페이지를 만드는 건 전혀 문제가 없다. 내 경우도, 이러한 홈페이지 제작 솔루션을 통해 사업장 홈페이지를 5~6개 만들었는데 고객들에게 보여주거나 온라인으로 소통할 때도 전혀 문제가 없었다.

※홈페이지 제작툴인 식스샵(좌)과 윅스(우)의 홈페이지.
한 달에 약 2~3만원으로 다양한 무료 템플릿을 사용할 수 있다.

홈페이지 제작 대행업의 가능성

앞으로 오프라인 사업장을 온라인으로 가져와야 하는 사람의 수요는 아주 많기 때문에 **홈페이지 제작 대행업은 1인 사업 모델로 도전하기에 적절하다고 본다.** 물론 시장에는 이 틈새를 비집고 들어온 경쟁 업체들이 난립하고 있기 때문에 진입이 쉽지는 않다. 그러나 앞서 이사 업체의 예로 들었던 것처럼, 시장을 세분화하면 브랜딩의 법칙이 적용되지 않는 분야는 없다. 질문을 꼬리에 꼬리를 물면 답은 반드시 나오게 되어 있다.

이렇게까지 말해도 그건 말이 좋지, 실천은 어렵고 수익을 내긴 어려울 것이라고 비관하는 독자도 있을 것이다. 충분히 그럴 수 있다. 지금 우리는 이 책에서 수익을 '추론'하고 있다. 대개는 내가 경험으로 직관한 영역들을 다루고 있다.

사업은 확증의 영역은 아니다. 약 1600년대에 살았던 철학자 데카르트는 세상에 명확한 건 기하학과 직관뿐이라고 말한 바 있다. 나머지는 모두 불확실의 영역에 속한다. 창업 지식도 기하학 같은 수학 원리에 따라 수익이 나는 세계는 아니다. 그걸 수치로 제시한다면 모두 '추정치'에 불과하다. 추론을 확신으로 바꾸는 건 독자의 '의지'이다. 나는 직관으로 개척한 사업을 의지로 버텨내며 사업을 해왔다. 처음 사업을 할 때 사람들의 반응이 같았다. 얼마 안 가 망할 것이다. 그것은 다수의 추론이었지만 나는 직관과 의지로 이 가설을 뒤집을 수 있었다. 나는 지금 이 가설의 세계를 독자들과 다루고 있다.

잠깐 옆길로 샜는데, 이 홈페이지 제작 대행업의 세계에서 브랜딩을 하는 방법 중 하나를 '추론'해 보고자 한다. 자꾸 강조하는 것이지만 대행의 세계에서 가장 쉽게 돈을 버는 방법은 도구를 파는 것이다. 금광으로 향하는 사람들의 뜨거운 마음을 응원하며, 우리는 삽과 청바지를 열심히 팔아야 한다. 지금 이 시대에 온라인으로 진입하길 뜨거운 마음으로 바라고 있는 사람은 누구일까. 이 질문을 곱씹으며 우리는 다음과 같은 질문을 스스로에게 던져봐야 한다.

지금 온라인에서 홈페이지가 절실히 필요한 사람은 누구일까?

사고 싶어서 안달난 사람들

당연히 장사하는 사람, 사업하는 사람, 즉 어떤 상품과 서비스를 판매하는 사람일 것이다. 그럼 온라인에서 어떤 상품이나 서비스를 가장 절실히 팔고 싶어 하는 사람이야말로 홈페이지를 가장 필요로 할 것이다. 왜냐하면 이 도구가 있어야만 매출이 늘어날 것이기 때문이다. 그렇다면 어떤 상품과 서비스를 지금 간절히 팔고 싶어하는 사람 중 가장 마음이 조급한 사람이 누굴까? 그러니까. 어떤 사람이 가장 빨리 이 도구를 갖고 싶어할까.

이 질문을 하는 이유는 고객이 가장 빨리 지갑이 열리는 순간은, 고객이 어떤 상품이나 서비스를 사고 싶어서 안달이 난 순간이기 때문이다. 마치 매장 앞에서 원하는 상품을 구입하기 직전의 사람처럼 말이다.

독자 여러분은 주변에 팔고 싶어서 안달이 나 있는 사람이 떠오르는가? 아마도 누구에게나 주변에 이런 사람이 있을 것이다. 보통 이렇게 간절히 팔기를 원하는 사람은, 역설적으로 우리가 평소에 가장 만나길 꺼리는 사람일 가능성이 높다.

누굴까?

<u>사세요, 사세요, 하는 사람들은 길거리에서 전단을 나누어주는 사람들, 혹은 특정 상품에 가입하라고 권유하는 영업자들이다.</u>

참고로 나는 영업직을 폄훼할 생각이 전혀 없다. 영업직은 어떤 의미에서 세상에서 가장 존중받아야 할 직업 중 하나이고, 대한민국의 모든 업종은 유사 영업직이라고 생각하기 때문이다. 그러니 이 경우는 그야말로 하나의 사례로 읽어주길 바란다.

대한민국의 영업직은 자신을 알려야 하는 사명이 있다. 자신이 파는 상품을 알리든, 자기 자신을 알리든 알리는 행위 자체가 판매와 연결되는 직업을 가지고 있다. 그동안의 영업 활동은 오프라인을 통해 진행되던 것이 관례였고 비중도 가장 높았다. 그러나 이제는 영업자들이 온라인에서 활동하고 있다. **그들에게 필요한 것은 자신을 가장 잘 홍보할 수 있는 도구**이다.

영업자들은 저마다 SNS가 있지 않을까? 아쉽게도 모두가 그렇지는 않다. 하루에 한 번 메일도 안 열어본다는 사람도 많다. 그러니 이 글을 읽는 독자 중 대한민국 수만 명의 영업자를 상대로 SNS 계정을 만들어주고, 꾸며주고, 홍보를 도와주는 일에 관심이 있다면 나는 홈페이지 제작대행의 세분화 영역으로 '**영업자를 위한 홈페이지**'를 만들어주는 부분을 권하고 싶다. SNS 계정을 만들어주든, 공식 홈페이지를 만들어주든 원리는 같다. 그것은 바로 경쟁 영업자들보다 차별화되어 보여 고객들에게 자신이 파는 상품에 주목하도록 하는 것이다.

상위 10%를 위한 비즈니스

어떤 경우든, 수만 명의 영업자를 잠재고객 대상으로 한 이 시장에서 이런 서비스가 없다면 바로 기회다. 상위 10%의 영업자를 대상으로 서비스하더라도 수천 명의 사람을 상대로 '독점' 비즈니스를 할 수 있다. 이쯤 되면 꽤 괜찮은 사업 모델 아닌가?

아니, 그런데 시장에 이런 서비스가 없다는 건 시장성이 없다는 뜻 아니겠어요? 될 것 같은 사업이면 벌써 누군가 시도해겠죠. 이렇게 되묻는 사람도 있을 것이다. 일리가 있다.

그러나 시장성이라는 관점은 고전 경제학에서는 언제나 1인 기업이 아닌 **일반 기업의 관점**이다. 사무실을 얻어서 직원을 채용하고, 비즈니스를 하는 업종 말이다. 그런데 어떤 기업이 한 달에 1000만 원의 매출을 올리는 것과 어떤 1인 기업이 한 달에 100만원의 매출을 올리는 건 좀 다른 문제다. 전자는 살아남는 게 어려울 수 있다. 인건비와 기타 부대비용을 빼면 사장은 인건비도 건지기 어렵기 때문이다.

반면, 1인 기업은 사실상 자기 인건비가 비용의 대부분인 만큼 100만 원 만 벌어도 버틸 수는 있다. 그리고 기업은 개인보다 덩

치가 크기 때문에 일을 따내고 처리하는 데 드는 시간이 개인보다 2배 더 걸린다. 기업은 어떤 일을 처리하는 데 있어 의사결정 과정이 필요하기 때문이다. 반면 개인은, 같은 시간이 주었을 때, 기업보다 더 많은 일을 처리할 수 있다. 기업이 한 달에 2-3건의 일을 할 때, 개인은 한 달에 4-5건의 일을 처리할 수도 있다.

쉽게 말해 개인은 직장인 평균 월급쯤 되는 월 300만 원만 벌더라도 살아남을 수 있고, 이 경우를 두고 시장성이 없다고 보긴 어렵다. 나는 어떤 일이 월 300만 원 정도의 순수익이 생긴다면 도전해볼 만한 일이라고 생각한다. 그리고 그 일이 플랫폼을 통해서 트래픽이 계속 발생하는 효과를 얻는다면, 우리가 이 일을 다수의 사람들에게 광고해서 계속 일감을 얻을 수 있고, 나아가서는 이 일을 자동화시키는 것도 가능하다고 본다.

영업자를 위한 홈페이지 제작 대행업의 시장성을 추론하는 것은 내 직감의 영역이다. 아직까지 이 일을 서비스하는 사업자는 보지 못했다. 나는 이것이 시장의 틈새라고 확신한다. 아무런 경쟁이 없다는 이유로 누구도 시작하지 않는다면 그 분야의 혁신은 일어나기 어렵다. 실리콘밸리의 투자자인 피터 틸은 경쟁을 피하는 것이 돈을 가장 쉽게, 빨리 버는 방법이라고 했다. 경쟁이 없기 때문에 독점하고 싶지 않다, 는 건 바닥에 떨어진 돈을 보고서 아무도 돈을 줍는 사람이 없어서 줍기 두려워요, 라고 말하는 것과 같다.

나 자신조차 브랜딩하라

만약 독자께서 영업자를 위한 홈페이지 서비스를 하는 사이트를 만들고, 그 사이트에 남다른 차별적 요소를 넣어서 영업을 개시한다고 하자. 사업자인 독자는 블로그를 따로 만들어 영업자들을 대상으로 한 자사의 서비스를 홍보하기도 하고, 네이버나 카카오 등에 광고를 내서 잠재고객을 만날 수도 있다.

떡볶이집을 차리든, IT기업을 차리든 내가 어떤 비즈니스를 시작하고, 그 일로 열심히 영업을 하고 있다면 반드시 고객을 만나게 된다. 즉, 고객 관계라는 새로운 차원의 인간관계가 형성된다.

그런데 처음 뭔가를 사람들에게 팔아야겠다고 마음먹은 사람들 중에는, 이런 관계를 미처 생각 못한 사람들이 많다. 내가 만든 서비스가 좋고, 고객이 이걸 필요로 하면 돈을 주고 구입하는 거래 관계일 뿐, 굳이 고객 서비스를 해야 할 필요가 있느냐는 식이다.

이렇게 생각하는 사람이 고객과의 커뮤니케이션을 최소한으로 줄이고, 오로지 자신이 파는 상품만으로 시장 가치를 입증하는 일을 한다면 축하할 일이다. 그러나 대부분의 일은 고객과 접촉하는 포인트가 생기고 여기서부터 상품에 대한 고객 경험이 형성된다. 고객은 물건을 파는 당신과 전화 통화를 하는 순간부터 그 물건을 살지 말지에 대한 데이터를 쌓기 시작한다.

우리는 영업자를 상대로 서비스를 팔지만, 내가 뭔가를 팔아야 하는 상품과 서비스 역시 영업과 같다. 내 서비스나 상품을 팔지 못하면 보상이 0이 되는 건 사업이나 영업직이나 마찬가지다.

그래서 영업을 잠깐이라도 경험해본 사람은 고객을 만나는 것 자체가 얼마나 소중한 경험인지 잘 이해한다.

고객이 사지도 않을 거면서 전화로 이것 저것 물어봐도 그게 반갑고, 일단 고객이 만나자고 하면 소득이 없어도 가방 싸들고 약속을 잡는 것, 그건 다 고객 경험이 누적되면 판매 전환과 밀접해진다는 걸 알기 때문이다.

고객은 상품이 아닌 욕망을 산다

다시 강조하자면 모든 비즈니스의 본질은 욕망으로 둘러싸여 있다. 그러니 우리는 고객들의 욕망을 건드리는 서비스를 해야 한다.

스타벅스에 커피를 마시러 가는 사람들은 커피를 마시러 가는 욕구를 해소하면서 동시에, 스타벅스가 주는 편안하고 고급스러운 분위기를 사러 가는 것이다. 그러니 내가 떡볶이를 팔면서 빨간색 앞치마를 두른다고 한들, 그게 뭐 대수냐고 한다면 욕망을 다스리는 생각에 대해 더 공부할 필요가 있다.

무엇을 팔든, 어떻게 팔든, 떡볶이집이든 IT 분야의 대표이든 고객을 만나야 하는 모든 업종은 '이미지'를 먼저 팔아야 한다. 내가 당신에게 가장 맛있는 떡볶이를 주겠습니다, 혹은 내가 당신이 가장 찾는 앱을 선보였습니다. 이걸 대놓고 말로 하면 고객들은 그 말을 믿지 않을 것이다. 대신 이미지로 보여줘야 한다.

그럼 여기서 말하는 이미지는 뭘까? 이미지는 곧 상징의 세계이다. 고객이 나를 어떤 사람으로 인식하느냐 하는 문제와 연결되어 있기도 하다. 만약 내 보험료가 과도한지 어떤지 봐주겠다고 소개를 받고 나온 보험설계사가, 지문으로 잔뜩 얼룩진 안경을 쓴 채 머리가 부스스하고, 발목을 감싼 양말이 구멍이 나 있는 걸 본다면, 그가 서울대를 나온 경력 10년 차 설계사라고 하더라도 그가 하는 말이 전혀 들리지 않을 것이다.

오히려 머릿속에서 어서 빨리 이 자리가 끝나길 간절히 바라지 않을까. 우리가 기대한 것은 스마트하고 밝은 인상의 옷차림으로 내 월급에서 따박따박 빠져나가는 보험료의 문제점을 밑줄을 그어가며 설명해줄 전문가의 이미지이기 때문이다.

그러니까 이미지, 특히 옷차림은 생각보다 많은 무언의 이미지를 상대에게 보내는 일종의 신호이다. 그러니 고객과 접촉하는 사업자는 옷을 잘 입어야 한다. 옷이 단지 결혼식에는 넥타이 맨 정장을, 여름철에는 반소매 와이셔츠를 입는 식으로 단순한 것이었다면 세상엔 왜 그렇게 많은 명품 브랜드가 있는 것일까. 혹은 왜 20대들은 브랜드 옷이 싫다고 자신들이 좋아하는 특정 디자이너의 옷을 고집할까.

옷을 선택한다는 것은, 단지 적정 가격의 적정 브랜드의 상품을, 적정 시즌에 구입해서 적절한 장소에 맞게 입는 것 이상을 상징한다. 누군가가 선택한 브랜드는 가격과 재질을 떠나서 아주 많은 이야기를 담고 있으며, 내가 그 이야기와 그 이야기를 둘러싼 고객들의 욕망을 이해하지 못한 채 선택한다면, 단지 가격과 재질이 괜찮다는 이유로 구입한 옷차림이 우리들의 일터에서 참담한 결과를 가져올 수 있다.

예컨대, 고급 비즈니스 미팅을 해야 하는 자리에 반소매 셔츠에 자동 넥타이를 매고 나온 사람을 신뢰하지 말아야 할 분명한 몇 가지 이유가 있다. 고객 미팅 때 포마드로 머리를 미끄러지듯 가르고, 명품 시계를 번쩍 거리면서 나타나서는 안 되는 분명한 이유가 있는 것처럼.

옷을 입는다는 것은, 이러한 의식주를 둘러싼 세계로 진입하는 일종의 티켓 같은 것이다. 스티브 잡스는 왜 검정 티셔츠에 청바지를, 페이스북의 마크 주커버그는 왜 흰색 티셔츠에 청바지를 고집했을까. 그들은 무의식적으로 옷에 신경 쓰고 싶지 않아서 그런 것처럼 보이지만 실은, 그들은 아주 철저히 의식적으로 옷을 골랐던 건 아닐까. 포르투갈의 유명 건축가이자 우리나라에도 몇몇 작품을 선보인 알바 시자루는 흰색 옷만 입는다고 한다. 백색이 모든 가능성을 품고 있는 완성의 색이기 때문이라는 것이다.

건축가, CEO 등 생각을 무기로 활동하는 사람들은 이처럼 예외 없이 옷차림으로 자신의 메시지를 드러낸다. 꼭 스타일리시하지 않아도 괜찮다. 아무런 생각 없이 옷을 고르는 것보다는 전략적으로, 내 의도를 전달하는 방식으로 옷을 입으면 무의식과 상징의 세계에서 상대방의 생각을 다스릴 수 있다.

이미지가 중요한 거래의 특징

옷차림이 특히나 중요한 비즈니스 영역은 B2B, 즉 기업 간 거래일 것이다. 만약 독자께서 특수 촬영 장비를 병원에 공급해주는 시장을 개척 했다면, 매일 의사들을 만나게 된다. 우리는 옷을 허술하게 입은 상대가 이 사실을 부끄러워하면, "에이, 옷이 뭐가 중요해요"라고 가볍게 위로하듯 말하지만 속으로는 이미 스캔한 이미지를 상징으로 받아들인다. 우리의 뇌 속에 상대방은 "옷 같은 건 신경 안 쓰는 다소 털털한 사람"으로 받아들여지는 것이다. 좋게 해석하면 그렇고, 이걸 좀 구겨서 해석한다면 "자기관리가 전혀 안 된 무능력자"로 인식하기도 한다.

그런데 옷차림과 더불어 세트 메뉴처럼 상대방의 상징의 세계를 점유하는 요소가 있다. 바로 목소리이다. 개인적으로는 만약 독자께서 처음으로 사업을 시작해서 고객을 응대하는 대화를 한다면, 옷차림과 음색이 95% 이상 판매를 좌우할 것이라 확신한다. 5%는 고객의 컨디션의 변수다. 고객이 컨디션이 나쁘지만 않다면 목소리와 옷차림으로 인해 100%의 확률로 매출을 만들 수 있다는 뜻이다. 만약 실제 얼굴을 볼 수 없고, 전화로만 통화해야 한다면 어떨까?

목소리가 곧 얼굴이 된다. 고객이 홈페이지 광고를 보고 전화를 건 이후 신호가 걸리고 드디어 전화를 받는다. "아, 혹시 거기가 홈페이지 제작 회사 맞나요?"라는 질문에 "네"라고 답하는 순간부터 고객에게는 이미지 데이터가 쌓이기 시작한다. 네, 라는 톤을 어느 정도의 높낮이로 말했는지가 매출과 연관된다. 그러나 이 또한 무의식적인 뇌의 반응인지라 전화 통화를 하는 고객 또한 자신이 이런 요소들에 영향을 받는지조차 모를 때가 많다. 목소리는 커뮤니케이션 수단이기 때문에 메신저나 메일로 주고받는 내용과 사뭇 다르다. 단지 파는 사람이 전하는 메시지에 따라서 고객이 움직일 것 같지만, 실은 메시지를 감싸고 있는 외투에 해당하는 음색과 말투에 더 많은 영향을 받는 게 틀림없다고 나는 확신한다.

이걸 몰랐을 때의 나는 고객들에게 어떤 비즈니스를 할 때 "말보다 글이 편해서요"라고 말하면서 메일로 할 말을 전하는 바보 같은 짓을 했었다.

지금 생각해봐도 정말 바보 같은 짓이다.

말과 글은 기능도 다르고, 메시지를 전달하는 형태 또한 다르다. 그리고 우리는 하루동안 글보다 많은 말을 메시지로 접한다. 카페에서 커피가 나왔음을 알리는 바리스타의 목소리에 끌렸던 적은 없는가. 전화로 걸려온 상담원의 목소리에 불편했던 적은? 수화기 너머로 자신의 컨디션을 드러내는 사랑하는 가족의 목소리는 어떠한가.

목소리의 기능과 목적을 알고, 이를 비즈니스에 접목하기 위해서는 어떻게 하면 될까? 스피치학원에 등록하거나 유튜브에서 발음 훈련 영상을 보고 학습하는 것도 방법이다.

내 경우는 목소리 훈련을 위해 따로 시간을 내기보다는 웬만하면 일상에서 틈틈이 훈련하는 방법을 쓴다. 목소리 트레이닝을 집중적으로 한 달 받는 것보다, 매일 10분씩 목소리 훈련을 하는 게 발성과 음색 향상에 도움이 된다.

이렇게 매일 훈련하려면 차에서 운전하면서 혹은 내 방에서

10분 정도 수시로 연습을 해보는 게 좋다. 목소리 전문가들의 견해는 제각각이지만, 나는 좋은 목소리는 뱃심과 두성을 쓰는 게 핵심이라고 본다. **뱃심은 말 그대로 복식 호흡을 통해 목소리를 내는 방법이다.** 목소리가 힘이 없어서 전달력이 약하다면 복식 호흡을 하면 도움이 된다. 두성의 경우는 뱃심으로 끌어올린 목소리를 미간 부근에서 공명하도록 해서 소리를 내는 방식인데, 이걸 쉽게 표현하자면 **연상하면서 말하기**, 라고 해도 좋다.

오늘 있었던 일을 스피치 할 때, 카페에서 누군가 대화했던 일을 말한다면 그때의 상황, 분위기, 상대방의 표정, 말투 등을 최대한 구체적으로 연상하면서 말을 하는 것이다. 이렇게 되면 마치 머릿속에서 떠오른 이미지를 보면서 설명하듯 말하게 되는데, 이 과정에서 자연스럽게 두성을 쓰게 된다. 독자께서는 저마다 자신만의 스피치 트레이닝을 선택하되 핵심은 정확한 발음과 신뢰를 주는 음색을 키우는 데 포인트가 있다는 점을 기억하자.

다시 한 번 생각해보자.

내 목소리를 녹음해서 들어본 적이 있는가?
내 옷차림과 말투를 다른 사람들이 어떻게 보는가?
매일 옷차림과 말투를 개선하기 위해 어떤 노력을 하면 좋을까?

제11원리.
독보적인 존재가 되어라

인건비가 높은 사람이 되어야 하는 이유를 설명한다.
이로써 1인 기업으로써 독보적인 존재가 되는 법을 터득하게 된다.

• • •

우리는 지금 거듭해서 틈새 시장에서 경쟁력을 갖춘 사업가가 되는 법을 말하고 있다. 이때의 경쟁력은 기업이 아닌 개인의 경쟁력을 말하게 된다. 1인 기업으로서 개인의 경쟁력은 어디서 생길까. 끝없는 시행착오? 막강한 자금력? 빠른 판단과 실천? 시행착오를 반복하려면 체력이 강해야 한다. 만약 어떤 사업으로 꼭 성공하고 싶다면 100번쯤 도전해보면 된다. 그때까지 반복된 실패를 견디고, 이를 무시하고도 같은 실행력을 발휘할 만큼 체력이 좋다면 말이다. 손정의 같은 사람은 그게 가능하겠지만, 대부분은 그렇지 못할 것이다.

개인이 가진 자금력 또한 한계가 있다. 아무리 돈이 많은 사람도 기관투자자와 자금력을 겨룬다면 반드시 진다. 어떤 1인 사업가가 변화에 빠르다는 걸 강점으로 꼽는다. 그러나 **1인 기업가에게 속도보다 중요한 것은 방향**이다. 목적지가 목포인데 인천 방향으로 시속 200km로 달리며 차선을 이리저리 바꾸어봤자 헛된 일이다.

나는 1인 기업가의 남다른 경쟁력 중 가장 최고는 '한 곳에 집중하는 전략'이라고 생각한다. 여기서는 조금 포장된 단어로 이를 '**버티컬(vertical)**'하다고 표현한다. 넓고 얕은 지식을 가진 사람과 정반대되는 성향, 한 곳을 깊게 파는 성향을 가진 사람이 바로 버티컬한 사람이다. 1인 사업가는 세상에서 가장 맛있는 술을 만들긴 어렵다. 그렇게 할 수 있는 사람은 소수이다. 그러나 세상에서 가장 맥주를 가장 잘 만드는 사람이 되는 건 그보다 쉽다. 세상에서 가장 맥주를 잘 만드는 사람이 되는 것보다 버티컬한 것은, 한국에서 가장 위대한 밀 맥주를 만드는 사람일 테고, 그보다 버티컬한 것은 서울 은평구에서 가장 위대한 밀 맥주를 만드는 사람이 되는 것이다.

디지털 혁신이 일어나기 전에는 이렇듯 버티컬함이 경쟁력이 되지 못했다. 서울에서 밀 맥주를 만들어도 서울에 사는 사람이 아니면 알아주지 않았다. 그런데 정보의 유통이 빨라지고, 평준화되면서 대구에 있는 사람이 SNS를 보고 서울에서 유명한 밀 맥주 집을 찾아가는 일이 빈번해졌다. 이젠 맥주뿐만 아니라 어떤 분야라도 자기만의 특수한 영역에서 독보적인 기량을 가진 사람들이 주목받는 시대다.

버티컬해야 이긴다

개인은 어떻게 집단보다 버티컬해질 수 있을까? 나는 그 답을 '천착함'에 있다고 본다. 천착은 **어떤 대상을 앎에 있어서 깊게 관여한다는 뜻**이다. 천착한다는 것은 어찌 보면 집착이라는 말로 바꿔 표현할 수 있는데, 집착이라고 하지 않고 천착이라고 하는 것은 천착은 집착과 달리 **대상에 몰두하는 뚜렷한 목적**이 있기 때문이다.

논어에는 '격물치지'라는 말이 있다. 사물의 속속들이 알아 그 이치를 통하게 되는 경지는, 집단사고가 아닌 개인의 사색을 통해서만 가능하다. 만약 독자께서 차를 마시는 취미가 있어서, 티 블렌딩을 통해서 음료를 판매한다고 해보자. 그럼 집단사고처럼 어떤 차를 만드는 데 필요한 재료를 얼마에 들여와, 어느 정도의 이윤을 붙여서 팔면 이 사업이 가능하겠다, 라고 계산하기 전에 우선 티 블렌딩을 어떻게 하면 더 예술적으로 할 수 있을지 천착하는 단계가 필요하다. 매장을 통해 고객에게 선보이기 전 자신이 만든 음료를 여러 번 시음해보고 장단점을 찾고, 개선점을 반영해나가는 과정에서 이 사람은 티 블렌딩의 세계로 점점 내려간다. 누군가 그가 만든 티를 마신 다음 이 차는 맛이 좋다, 라고 할 때, 그는 떫은맛을 많이 덜어냈기 때문, 이라고 보다 명확하게 원인을 설명해줄 수 있다. 반대로 이 차는 맛이 없다, 라고 할 때 그는 차를 우려내는 방법이 잘못되었다는 걸 짚어내기도 한다.

이렇게 할 때에만 개인은, 집단적 사고와 비즈니스를 상대로 이길 수 있는 '버티컬함'을 갖추게 되는 것이다. 개인이 버티컬해지는 데 있어서 가장 중요한 것이 바로 사색이다. 혼자서 골똘하게 앉아서 생각하는 시간은 직원 없이 혼자서 일하는 1인 사업가에겐 자연스러운 일이기도 하다. 1인 사업가는 혼자 있는 시간에 손에 잡히는 대로 닥치듯 일하는 데서 경쟁력을 갖추는 게 아니라, 오히려 골똘히 앉아서 자신에게 주어진 일의 본질을 생각하고, 이 일을 함에 가장 중요한 것이 무엇인지 파악해, 이를 우선순위 대로 처리하는 능력에서 집단을 능가하는 업무 처리 효율을 만들어낼 수 있다.

더 나은 인간이 되는 것

나는 부의 추월차선은 이미 막혔다고 주장했다. 똑똑한 상위 20% 이내에 드는 사람들이 전 세계의 부 대부분을 독식하며, 하위 소득 20% 안에 드는 사람들은 점차로 더 빈곤해지는 사회는 많은 전문가들이 곧 도래한다고 지적한 바 있고, 이미 수치로도 드러나고 있다. 중간이 사라진 시대에는 부의 추월차선에 해당하는 연결고리도 없다. 이런 상황에서 내가 앞서 말한 독특한 성공의 원리를 써서 성공한 유튜브 인플루언서들, 1인 기업들, 신생 스타트업 같은 돌연변이들이 이례적 성공을 쟁취한다. 이들은 기존 성공의 공식에 해당하는 좋은 학력이나 배경, 인맥이나 풍부한 자본금 없이도 플랫폼의 원리를 이용해 다수의 팬층, 즉 고객들을 확보해 성공하는 일만이 유일한 부의 추월차선이 되었다.

우리는 그동안 언론을 통해 신화적, 입지전적 경영자들의 추락을 목도해왔다. 그들은 자신들이 전통적 방식으로 축적해온 부를 방탄복 삼아서 반사회적, 비도덕적 행태를 저질러왔고 그가 운영하는 거대 기업이 우리 경제를 지탱한다는 이유 때문에 이런 비도덕적 행태가 반복해서 용서받을 수 있었다.

그런데 만약 부의 추월차선을 달려서 부를 거머쥔 사람의 사업이 반사회적, 비도덕적 행위를 하게 되면 어떻게 될까?

그는 곧 지탄받게 되고 그가 운영하는 회사는 곧장 불매 운동의 공격을 받아서 무너지게 된다. 1인 크리에이터인 유튜버가 독자를 속이고 기업 광고를 홍보하는 영상을 올렸다가 하루아침에 채널을 닫게 되는 케이스, SNS를 통해 소비자에게 제품 성분을 거짓으로 제공하고 물건을 팔았다가 매출에 큰 타격을 받는 쇼핑몰 등의 사례를 보면, 온라인을 통한 팬덤이라는 거대한 트래픽의 도움으로 성공한 입지전적 인물이, 이 트래픽의 역공격으로 망하는 일이 생기게 된다.

전통적인 기업은 10년을 넘기는 일이 어렵다고 한다. 이 말은 10년 동안 자본과 시스템을 축적해야만 성공의 반열에 오르게 된다는 뜻이다. 다시 말해, 10년을 넘겨 운영한 기업은 왠만해서는 이제 망하기 어려운 상황이 된다는 뜻과 같다.

그러나 1인 기업은 정반대의 성향을 띤다. 이 기업은 1년 안에 크게 성장해서 부를 거머쥘 수도 있지만, 반대로 하루 아침에 망해도 이상하지 않다. 왜냐하면 이 기업은 전통적 기업이 가진 인프라(조직이나 물류 공급 시스템, 자원의 독점)로 돈을 버는 것이 아니라 철저히 지적 자본(개성과 매력, 온라인 플랫폼 습득 능력, 마케팅 지식과 실행력)을 가지고 돈을 버는 업종이기 때문이다.

그러니까 1년 안에 부자가 된 사람이 하루아침에 흥하거나 망하는 일이 생길 수 있다. 그가 가진 지적 자본의 특성이 그러하기 때문이다.

우리는 이런 식의 지적 자본으로 반짝 성공했다가 순식간에 잊힌 사람들의 명단을 알고 있다. 그들은 유튜버이기도 하고, 쇼핑몰 CEO였다가, 연예인이 되기도 하고, 유명 투자자이기도 했다. 그렇다면 이들은 대체 왜 하루 아침에 망하는 것일까?

만약 독자께서 앞서 말한 무한 성공 원리를 알고 성공하려 하거나, 아니면 현재 이런 방식으로 성공한 사람이거나 상관없이 **이 점을 아는 것은 대단히 중요하다**. 왜냐하면 바로 이것이 무한 성공 원리를 계속 지탱하게 해주고, 나아가 이 원리를 강화시켜주는 연료와 같기 때문이다. 지금 사업을 하거나 장사를 하거나, 프리랜서로 일하고 있는 등 자신이 일의 통제권을 쥐고 일하는 사람이라면 무한 성공 원리를 접목시키는 동시에, 이 점을 기억하는 것이 중요하다. 직장에 다니고 있는 사람이 연봉을 높이고, 더 높은 자리에 오르려 할 때도 예외 없이 적용되는 부분이기도 하다.

<u>우리가 성공을 계속하려면 더 나은 사람이 되어야 한다.</u>

이것이 바로 성공의 시스템에 연료를 공급해주는 원리라고 생각한다. 원리를 지탱해주는 중심점이라고 해도 과언은 아니다. 성공한 사람들은 왜 하루아침에 망하는가? 바로 성공하기 전보다 더 나은 사람이 되지 못했기 때문이다. 그의 탈세나 비리, 주가조작은 다만 그 결과로 드러난 것일 뿐이다.

우리는 어떤 성공한 인물이 어느 날 실패하면 성공해서 갑자기 오만해졌기 때문에 사업이 실패했다, 라고 단순하게 생각한다. 그런데 조금 더 정확히 표현하면 그가 실패한 이유는 사업을 성공한 이후 더 나은 인간이 되어야 하는 단계에서, 뒤로 물러섰기 때문이다. 그 사업이 성장 또는 유지되기 위해서는 그가 그 사업의 주인공으로서 더 나은 태도를 갖고 임해야 하는데, 그가 이 미션을 눈치채지 못하고 그만 자신을 과신해버렸기 때문이다.

사업은 참 오묘하다. 우연히 성공하기도 하고, 시기를 잘 타서 성공하기도 하고, 주변의 도움으로 성공하기도 하기 때문이다. 이때 우리는 그 성공이 어디서 비롯되었는지를 추적하려 들지 않는다. 조금 더 황당하게는 **그것이 자신이 잘나서 성공한 것**이라, 고 치부해버리기도 한다. 이렇게 되면 자신의 사업 수완과 일을 대함에 있어 허세가 필연적으로 발생하는데, 이러한 허세가 허세였음이 밝혀지는 순간은 그가 사업을 완전히 실패한 이후다. 어떻게 보면 좀 비극적인 일이기도 하다.

독자께서 비누를 파는 사업자라고 가정해보자. 세상에는 수많은 비누가 있다. 그런데 왜 고객이 독자가 파는 비누를 사야 하는가? 사업자인 독자께서는 이 점을 충분히 검토하고, 고민한 뒤에 전략을 세워 비누를 팔 수도 있고, 아니면 소비자이기도 한 자신의 관점에서 단지 좋은 비누를 만들어 시장에 내놓을 수도 있다. 어떤 이유에서든 그 비누가 소비자들에게 계속 팔린다는 것은, 그것이 고객에게는 **수많은 비누 중에서 그 비누를 사야 하는 이유가 있다**는 뜻이다. 이것은 바꿔 말하면 사업자가 그 비누를 왜 사야 하는지를 고객에게 납득시켰다는 뜻이기도 하다.

그것은 더 저렴한가, 아니면 특색 있는 재료를 썼는가, 그도 아니면 고객이 구입했을 때 기분이 좋아지는가, 그것도 아니면 그 비누를 사는 데 대외적인 명분이 있는가? 이 중에서 사업자가 어떤 맥락을 선택했는지는 사업자 스스로만이 알 것이다. 고객은 설득당했고 지갑을 열었고, 그 비누를 사야 할 이유가 계속 유지된다면 비누는 계속 팔릴 것이다.

<u>이렇게 고객을 설득할 수 있는 능력을 가진 당신은 대단한 사람이 틀림없다.</u>

그렇기 때문에 당신이 돈을 벌 수 있는 것이다. 그러나 그 능력의 결과로 비롯된 상황이 어디에서 발생했는지, 그 과정에서 운이 끼어들거나 주변의 도움이 있었는지 등을 아는 것이 더 중요하다. 왜냐하면 당신은 그런 주변 요소 없이 성공하는 건 불가능하기 때문이다. 더 쉽게 말하면 당신은 사업을 하면서 여러 요인들의 도움을 반드시 받게 된다.

이것이 정말 중요한 대목이다. 누군가의 **도움을 받고 성공한 이후에 당신이 왜 성공했는지 알지 못한다면, 당신은 더 나은 사람이 되지 못한 것**이다. 더 나은 사람이 되지 못하면 자신의 능력을 과신하는 허세가 생기고, 그리고 앞서 언급했듯 더 나은 사람이 되지 못했을 때 **사업은 망할 확률이 높다.**

이것은 꼭 사업을 지금 하는 사람뿐만 아니라 지금 성공하고 싶어서, 부자가 되고 싶어서 이 책을 사서 읽는 독자들에게도 적용되는 부분이다. 독자께서 똑똑하고, SNS를 매우 잘 다루고, 옷도 잘 입으면서 대외관계도 훌륭하고 일도 탁월하게 잘하는데 부자가 되지 못했거나 성공 가도를 달리지 않고 있다면 이유는 딱 하나, **바로 독자가 더 나은 사람이 되지 않기 때문이다.**

사람들은 더 나은 사람들이 벌인 결과를 추앙하고, 그것을 흠모하며 똑같은 결과를 내려고 한다. 뛰어난 스타트업의 대표가 쓴 SNS를 팔로우하고, 서민갑부에 대한 기사를 읽으면서 '그래, 역시 사업은 먹는 장사가 최고지' '1인 사업으로 간판사업이 잘 된다는데?'와 같은 반응을 보인다. 그리고 개발 지식을 익히기 위해 코딩을 배우거나 간판 기술을 배우기 위해 학원을 알아보곤 한다. 그리고 열심히 그 기술을 배우면서 조금이라도 돈을 더 벌 수 있는 방법을 모색한다. 그런데 이 모든 논의 가운데 한 가지가 빠졌다. 바로 내가 닮고자 하는 사람이 어떤 사람이었기에 그 성공을 쟁취할 수 있었는지 묻는 것이다.

'그 사람은 매일 새벽 4시에 일어났다는데? 역시, 성공하려면 부지런해야 해.' 여기서 부지런함은 미덕일 것이다. 그러나 새벽

4시에 일어나서 더 나은 사람이 되는 사람도 있고, 그렇지 않은 사람도 있다. 모든 사람에게 잘해주는 사람이 반드시 성공하는 것도 아니다. 모든 고객에게 친절하려는 사업가가 돈을 버는 게 아닌 것처럼 말이다. 중요한 것은 **내가 생각하는 더 나은 나는 누구인지를 아는 것**이다.

어제와 완전히 다른 사람이 되는 것은 불가능하다. 어느 날 번개를 맞은 것처럼 180도 다른 인간이 되는 건 평범한 사람이 할 수 있는 일이 아니다. 우리는 다만 어제보다 1cm라도 앞으로 나아가는 사람이 되면 된다. 나는 외향적인 사람인데 그동안 옷차림을 너무 신경쓰지 않았어. 그런데 나는 패션 테러리스트인걸, 오늘 신경써서 넥타이를 매보았는데 사람들이 다 놀리기만 하는데, 에이, 이건 나랑 안 맞나보다.

이렇게 생각하게 된 이유는 **어느 날 갑자기 어제와 다른 내가 되려고 하는 욕심 때문**이다. 매일 청바지에 티셔츠만 입던 사람이 어느 날 정장을 잘 입으려고 하면 어렵다. 매일 입는 청바지와 티셔츠 차림에 조금씩 색을 입히는 것이 중요하다. 그동안 집에서 몇 년째 입던 핏이 안 맞는 청바지만 입었다면, 내 몸의 체형에 맞는 청바지를 입는 것이 순서다. 매번 목둘레가 둥근 핏인 티셔츠만 입었다면 브이넥이나 오버핏의 티셔츠를 입어보는 건 어떤가. 매번 소재가 좋은 티셔츠만 선택했다면, 어느 날은 똑같은 티셔츠라도 명품 브랜드의 티셔츠를 입어보는 건?

이렇게 하루 1cm씩 나아지는 사람은 1년 뒤에는 상당히 다른 사람이 된다. 옷장에서 손에 잡히는 대로 청바지와 티셔츠만 입었던 사람은, 매일 1cm씩 더 나은 옷차림을 생각하며 옷을 입은 1년 뒤에는 티셔츠와 청바지의 조합에서는, 아마도 직장에서 가장 청바지와 티셔츠가 잘 어울리는 사람이 될 게 분명하다. 나는 이걸 장담할 수 있다. 왜냐하면 내가 이런 식으로 옷을 입고 있기 때문이다.

고상한 사람이 되어서 대접받고 싶을 때는 셔츠 스타링을 파고들면 된다. 옷차림에 전혀 신경 쓰지 않는 자유로운 사람처럼 보이고 싶을 때는, 반바지에 슬리퍼 차림을 계속 파고든다. 나는 절대 내키는 대로 옷을 입지 않고, 전략적으로 옷차림을 선택한다. 그것이 단지 사업에 도움이 되기 때문만은 아니다. 옷차림은 내가 어떤 생각으로 삶을 살아가는지 다른 사람에게 노출하는 미디어이기 때문이다.

천천히 여유롭게 걷는 것, 아무리 급한 일이 있어도 차분하고 정돈된 말투로 전화를 받는 것, 조금 더 빨리 가고 싶어도 교통법규를 최대한 지키는 것, 만나는 사람 모두에게 되도록 친절하게 대하는 것, 이것이 바로 내가 어떤 사람인지를 드러내는 수단이 된다.

인건비가 높은 사람이 되라

이제부터 독자는 인건비가 높은 사람이 되기로 결정한다. 현재 무슨 일을 하든, 어떤 일을 준비하든 관계없이 독자가 하는 모든 일에서 독자는 갑이 된다. 구질구질하게 무슨 갑을관계냐고 되물을 지도 모른다. 상관없다. 거래를 전제로 한 관계에서 권력의 우위가 존재하는 건 부정할 수 없는 사실이니까. 무의식적으로라도 당신이 상대방보다 훨씬 더 높은 위치에 있는 사람이라고 생각해야 한다.

더 높은 위치에 있는 사람이라고 해서 상대방을 조종하거나 지배한다고 생각하는 게 아니다. 보통 높은 위치라고 하면, 잘못된 권력 관계를 떠올리는 경우가 많다. 상대방에게 함부로 대하거나 자신에게 절대적 복종을 요구하는 식이다. 그러나 내가 말하는 '높은 위치'라는 것은 좀 다른 의미다. 여기서 말하는 높다는 뜻은 생각의 질을 뜻한다. 당신은 항상 상대방보다 높은 생각의 질을 갖고 있어야 한다. 생각의 질이 높아지면 보다 높은 도덕적, 윤리적 태도가 몸에 드러나게 된다. <논어>를 읽으면서 공자처럼 군자의 생각을 가지려고 하면, 자연스럽게 사람들이 따르게 되는 것과 마찬가지다.

이때 군자는 다른 사람의 생각을 다스리지만 그들을 노예로 부리거나 일방적으로 이권을 빼앗지 않는다. 오히려 사람이 따르는 인물이 무엇인지에 대한 모범을 보여서, 사람들이 자발적으로 그를 추종하게 만든다. 이것이 바로 더 높은 위치, 즉 군자의 생각을 갖는 법이다.

거듭 강조하지만 **더 나은 생각의 질을 갖는 것이, 더 나은 일을 하는 것보다 중요하다.** 당신이 더 나은 사람이 되면, 당신이 덜 나은 사람으로 처리하는 10가지 일보다, 더 나은 사람이 할 수 있는 한 가지 일을 함으로써 당신의 몸값이 올라갈 것이다. 조금 더 거칠게 말해보겠다. 나는 일을 열심히 하는데 당최 돈이 안 된다, 라고 말하는 사람들이 꽤 많다. 하루에 10시간 넘게 일하는데 수입은 전혀 나아지지 않는다는 것이다. 그런데 더 나은 생각을 갖게 되면, **하루에 1가지 일만 하더라도 하루에 10가지 일을 하면서 버는 돈보다 더 많은 돈을 벌게 된다.** 어찌 보면 당연하다. 대기업의 CEO는 평사원보다 많은 실무를 하지 않는다. 그가 해야 할 것은 더 나은 결정을 위한 더 나은 생각이다.

아마존의 CEO였던 제프 베조스는 자신이 임원들에게 더 많은 급여를 주는 이유는 "올바른 판단을 하도록 하기 위함"이라고 했다. 그들에게 더 많은 일을 주기 위함이 아니다. 더 많은 일을 하는 평사원은 정해져 있다. 오히려 임원급이 더 많은 월급을 받으면서도 일을 덜 하는 이유는 딱 한 가지, **그들이 하는 일의 중요성이 너무나도 커서, 그들에게 신중한 생각과 그에 따른 신중한 판단이 요구되기 때문**이다. 이것은 모두 더 나은 생각을 요구한다.

비단 아마존의 사례만이 아니다. 내가 지금 더 많은 일을 하는데 돈을 못 버는 이유를 무한 성공 원리에 비춰 말한다면, 더 나은 생각을 하지 못하기 때문이다. 더 나은 생각을 했다면, 내가 하는 많은 일들은 덜 나은 생각을 하는 사람에게 넘어가고, 나는 더 나은 생각을 하면서 일을 덜 했을 것이다.

그러니 성공하려는 자에게 생각은 얼마나 중요한가. 단 한 번의 생각이 한 번의 태도를 유발하고, 한 번의 태도가 성공과 실패를 좌우한다면 그러한 리더에게 있어서 요구되는 것은 딱 한

가지 뿐이다. 바로 더 나은 생각을 24시간 하는 '군자'가 되는 것이다.

- 다시 한 번 생각해보자.
  내가 군자와 같은 성품이 닮았을 때 내 인생이 어떻게 달라질까?
  위대한 생각으로 지금 나 자신과 완전히 다른 존재가 되려면
  어떻게 해야 할까?

에필로그

요즘처럼 공개된 정보가 넘쳐나는 시대에, 되새겨야 할 조언과 필살기 같은 명언들 중 자신에게 맞는 것을 취사선택하는 건 그리 어렵지 않다. 어떤 책이든 읽어보면 배울 점이 하나씩은 있고, 내가 원하는 정보가 담긴 책이나 강의, 자료들을 찾아보기 위해 산을 넘고 바다를 건너지 않아도, 몇 번의 검색과 발품을 팔면 모두 얻을 수 있다.

내가 무엇을 원하는지를 안다면 말이다.

모두가 왕이 될 순 없다. 어떤 사람은 왕이 되고 싶지만 훌륭한 대신이 되기도 하고, 어떤 사람은 상궁처럼 독특한 포지션의 신하가 될 수도 있다. 어떤 사람은 장수이며 어떤 사람은 지략가이다. 그보다 대부분은 그냥 일반 백성이다. 왕은 대신들과 백성을 다스리지만, 백성이 없이는 왕도 존재하지 않는다는 역설이 있다.

나는 자본주의 시대의 백성이 왕의 자리에 오를 수 있는 방법을, 내 나름의 방식으로 이 책에 썼다. 그런데 자신이 정말 왕이 되고 싶어하는지는 오로지 자기 자신밖엔 모른다. 다른 사람이 왕이 되는 법을 알려준다고 해도, 내가 왕이 아니라 장수가 되고 싶다면 그 지식은 크게 직접적으로 내게 도움이 되지 않을 것이다.

 당신은 왕이 되고 싶은가? 조금 더 직설적으로 말해보겠다. 당신은 부자가 되고 싶은가? 자본주의 세계의 꼭지점에는 부자들이 있다. 이걸 조금 더 유연하게 말하자면 사회, 경제적 자본을 취득한 상위 계층이 있다고 해도 좋다. 돈이 전부는 아닌데, 문화와 사회와 경제와 정치에서 의미를 만들어내는 리더들은 대개 돈이 많다. 어떤 사람이 돈이 많은 걸 보고, 돈을 많이 벌면 그 사람처럼 된다, 라고 하는 결과론의 함정에 빠지는 건 안 된다. 이 과정에서 돈이 어떤 역할을 했는지, 가치가 어떤 맥락에서 창출되는지 파악하는 건 매우 중요하다.

 부를 둘러싼 지식의 세계는 다층적이다. 우리가 어느 날 벼락부자가 되어 졸부가 되지 않는다면, 우리를 부자로 만들어주는 과정들은 우리에게 가치를 정확히 판단하도록 하는, 일정한 '입장료'를 요구할 것이다. 이 과정에서 우리가 벌든, 잃든 중요한 것은 '가치'를 알고 배운 다음 거기서 내가 정말 원하는 것이 무엇이었는지를 판단하는 일이다. 이것은 매우 중요한 부분이라 이 책의 결론인 마지막 부분에 넣었다.

 자신이 무엇을 원하는지는 오직 나 자신만이 발견해낼 수 있고, 그렇게 내가 원하는 것을 발견했을 때, 그것이 세상에서 가장 값진 보물이 될 수 있다.